ジュニア選手のための

夢をかなえる「スポーツノート」活用術

増補改訂版

トップアスリートが実践する
パフォーマンス向上のポイント

JN241406

専修大学教授
スポーツ 研究所 顧問
佐藤雅幸 監修

アスリートの成長を促すスポーツノート

単に自分の思いをつづるだけでなく、競技者としての成長記録にもなる「スポーツノート」とは、一体どのようなモノなのでしょうか。

アスリートとして長期間、活躍している選手の多くは、自分自身や競技に対し、真摯《しんし》に向き合い成功を収めています。

「スポーツノート」をはじめることとは、成功への第一歩としてとらえることができるのです。

九州警備
Q-NET
Ferne Reisen   Die Propeller   Das Flugzeug   Reisen bedeutet
machen weise.   drehen sich.   gewinnt an Höhe.   Leben.
SUNTORY

　スポーツは多くの場合、勝利や良い記録を目指して行われます。厳しい練習は、それを成し遂げることが目的のひとつです。ところが、本番の試合では思い描いた結果を得られないことが少なくありません。そこにはケガで十分な練習を積めなかった、緊張していつもの力を発揮できなかったなど、様々な原因があるでしょう。

　勝敗がつきもののスポーツですが、負けは決して悪いことではありません。また、勝てばすべて良し、ということでもありません。大切なのは事実をきちんと受け止めた上で、また次に向かってチャレンジすることです。事実を受け入れ、そこで生まれる感情を含めて論理立てて捉《とら》えれば、良いことも悪いこともすべて成長の糧になります。

　将棋の世界では、投了《とうりょう》した（負けた）人は「負けました」と言って深々と頭を下げ、対局者同士でその一局を振り返ります。

　柔道のオリンピック金メダリストの故・古賀稔彦さんは、ポイントでリードしながら逃げ切りを図り、逆転負けしたある試合を「勝負師として、自分のなかの弱い自

分に負けたことが悔しい」と語り、その後の同じような局面を迎えた試合では、最後まで攻め続ける姿勢を貫きました。勝敗以上に、自分に対してやり切ったかどうか。そのことを証明したかったのだと思います。

単に勝った、負けたで終えるのではなく、自分のなかで折り合いをつける。スポーツではそれが重要で、その手助けになるのが「書く」という作業です。夜、ベッドに入って考えるだけでは、なかなか思考を整理できません。自分の思いや取り組みをノートに書くことは、自分を客観視する能力が身につき、「心の整理整頓」につながります。

もちろん、ノートに書けば、競技のパフォーマンスが劇的にレベルアップするわけではありません。ただ、小さな積み重ねは、アスリートとして、さらには人としての成長が期待できます。本書がみなさんのスポーツライフにおいて、少しでもお役に立てれば幸いです。

専修大学教授
スポーツ研究所顧問
佐藤雅幸

この本の使い方

この本では、スポーツに取り組む選手に向けて、メンタル面の成長や競技力アップをはかるためにつける、「スポーツノート」について解説しています。

「スポーツノート」の役割や書くことの意義、記す内容（目標、設定、練習メニュー、情報分析など）を見開きで説明し、ポイントでわかりやすく明示しています。

トップ選手が実際につけているスポーツノートの紹介や、ノートを書くことの有用性についてもインタビューに収録しています。

タイトル

スポーツノートの役割や目的、意義などを項目ごとに提示。テーマが明確になることで、理解がしやすくなる。

POINT 02
ノートは困ったときに助けてくれるブレーンの役割
スポーツノートのさまざまな役割を理解する
スポーツ競技の現場では、練習や試合で必ずしも監督やコーチ、アドバイスしてくれる指導者、チームメイトがいてサポートしてくれるとは限りません。環境によっては1人で練習をしたり、試合で指導者のアドバイスを直接受けられない競技もあるので、アスリートは自らの頭で考え、プレーすることが求められます。
逆に困ったときに他者のアドバイスがないと動けない選手は、指導者に依存してしまうことが常態化
16

解説文

各項目の内容を様々なエピソードや理論等から解説している。読むことでノートの有用性がわかり、スポーツノートへスムーズに取り組むことができる。

MEMO

タイトルで提示、解説文で説明した内容をブラッシュアップ。ポイントやコツに落とし込むことで理解度をあげる。

PART1

MEMO 1

アスリート本人が書く内容を自由に決める

書かなければならない項目は決まっていない。何を書くかは選手の自由。目標や練習メニュー、試合内容、自分のコンディションなど、その日感じたこと、思いつくことを記入する。習慣化することで、文章のクオリティもアップする。

MEMO 2

思ったことをノートに書いて頭を整理する

嬉しかったこと、苦しかったことなど、思うままに自分の感情を吐き出し日記のようにノートを書くことも効果大。頭の中にあるものを一旦外に出し、ノートを客観的に読み返すことで自分の気持ちを整理整頓する。

スポーツノ
ときに厳
寄り添っ
うな存在。

自分を支えてくれるブレーンとしてのノート

スポーツノートは、目標設定やピークパフォーマンスという観点からのスケジュール＆トレーニングの管理をするだけでなく、思ったことを吐き出す日記のようなものなどもある。内容が濃ければ濃いほど、メンタルや戦術、技術面をサポートしてくれるコーチやブレーンとしての役割を担うようになる。

MEMO 3

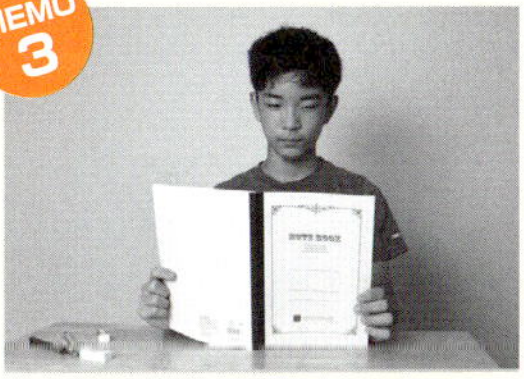

書いたことを見直しピークパフォーマンスにつなげる

日々の行動や感じたことをノートに記録しておくことで、パフォーマンスの良し悪しのバックグラウンドが見えてくる。つまり、自分自身のコンディションに向き合うこと。過去のページを読み返すことで、それまでのプロセスを理解することにつながる。

プレーを客観的な視点で見つめ直し、ときにはメンタル面や技術、戦術面までもサポートしてくれるのが、「スポーツノート」なのです。

17

プラスワンアドバイス

アスリートにまつわるエピソードを紹介。ノートを書くときの参考にしよう。

profile

プロファイル

心理学の観点からノートの書き方や書く内容をアドバイス。ノートのクオリティをアップしよう。

Contents

※本書は2021年発行の『ジュニア選手のための夢をかなえる「スポーツノート」活用術　トップアスリートが実践するパフォーマンス向上のポイント』を基に、新しいコンテンツを追加し、ページの増量と必要な情報の確認、書名の変更を行い、「増補改訂版」として新たに発行したものです。

PART1

本章では成功しているアスリートは、なぜノートをつけているのか、という部分に焦点をあてます。アスリートタイプ別のノートの種類やノート自体の役割を理解することで、ジュニアアスリートたちが自ら机に向かって、「ノートを書く」ための準備とします。

スポーツノートはアスリートの成長記録

「敗戦の悔しさ」「勝利の経験」を次に生かすことができるアスリートは成功者といえる。

POINT 01

成功しているアスリートは必ずノートをつけている!?

勝者だけが知っている「成功の法則」

スポーツで成功を収めたアスリートや指導者は、さまざまな形で「スポーツノート」をつけることを習慣にしています。そこにはどんな理由があるのでしょうか。

例えばサッカー日本代表で活躍した中村俊輔選手は、15年間にわたって競技の目標や自分に問いかける言葉、課題、自己評価などをノートに綴《つづ》り、サッカーと向き合ってきました。

フィギュアスケートの金メダリストである羽生結弦選手はノートに「発明ノート」とネーミングし、練習で感じたフィーリングや技術内容をメモにとり、テクニックの向上に役立てているそうです。

また、プロ野球界の名将としても知られる故野村克也さんは、ID野球の先駆者と呼ばれデータを重視する一方で、野球人（社会人）としての心構えを説き、選手たちにノートをとることを促《うなが》したと言いま

スポーツノートを書くことは スポーツ心理学からのアプローチ

スポーツで高いパフォーマンスを発揮するには、「心技体」の調和が大事。スポーツノートは、自分のメンタルや技術、そして体力に正面から向き合うためのもの。「夢や目標」を書いて終わりではなく、決めた目標に対してどのような道をたどり、歩んでいくのか、自分自身の心と体の成長を感じながら続けていく、スポーツサイコロジーからのアプローチだ。

MEMO 1

失敗も成功もノートに書くことで成長する

バスケットボール界の「レジェンド」マイケル・ジョーダン氏には、数えきれない失敗があったからこそ、選手として成功したという名言がある。負けた悔しさや失敗を放置せず、ノートに書いて次の糧にしていく。その結果、得たこともノートにまとめておくことが成長への一歩。

す。

元プロテニスプレーヤーの松岡修造さんも現役時代にノートをつけていた一人です。引退後は自身が行っている、世界を目指すジュニア・若手プレーヤーたちのテニス教室である「修造チャレンジ」でも取り入れられています。

参加者に白いノートを渡し、練習や講習会後に心の中に残ったことを書くことからスタートし、これに対して松岡さんがコメントを書き入れて戻す、というスタイルです。テニスのトッププレーヤーとしても知られる錦織圭選手は、修造チャレンジをきっかけに世界へ羽ばたいていきました。

このようにスポーツの種類や年齢、選手か指導者かに関わらず、スポーツノートを書くことで競技の向上に役立てている人はたくさんいます。**その結果、試合に勝つだけでなく、トップ選手として長い期間において活躍し続け、アスリートとしても、人としても尊敬（リスペクト）を受けるようになるのです。**

次ページからは、スポーツノートがアスリート（＝人）としての成長にどのように役立つのか、そのメリットを考えていきましょう。

POINT 02

ノートは困ったときに助けてくれるブレーンの役割

スポーツノートのさまざまな役割を理解する

スポーツノートは自分に対し、ときに厳しく、ときに優しく寄り添ってくれるコーチのような存在。

スポーツ競技の現場では、練習や試合で必ずしも監督やコーチ、アドバイスしてくれる指導者、チームメイトがいてサポートしてくれるとは限りません。環境によっては1人で練習をしたり、試合で指導者のアドバイスを直接受けられない競技もあるので、アスリートは自らの頭で考え、プレーすることが求められます。

逆に困ったときに他者のアドバイスがないと動けない選手は、指導者に依存してしまうことが常態化し、考えることを放棄してしまうことにつながります。

そうならないためにも、**ひとつの考えるきっかけとなるのが「スポーツノート」の存在です。自分のプレーを客観的な視点で見つめ直し、ときにはメンタル面や技術、戦術面までもサポートしてくれるのが、「スポーツノート」なのです。**

MEMO 1

アスリート本人が書く内容を自由に決める

書かなければならない項目は決まっていない。何を書くかは選手の自由。目標や練習メニュー、試合内容、自分のコンディションなど、その日感じたこと、思いつくことを記入する。習慣化することで、文章のクオリティもアップする。

MEMO 2

思ったことをノートに書いて頭を整理する

嬉しかったこと、苦しかったことなど、思うままに自分の感情を吐き出し日記のようにノートを書くことも効果大。頭の中にあるものを一旦外に出し、ノートを客観的に読み返すことで自分の気持ちを整理整頓する。

自分を支えてくれるブレーンとしてのノート

スポーツノートは、目標設定やピークパフォーマンスという観点からのスケジュール＆トレーニングの管理をするだけでなく、思ったことを吐き出す日記のようなものなどもある。内容が濃ければ濃いほど、メンタルや戦術、技術面をサポートしてくれるコーチやブレーンとしての役割を担うようになる。

MEMO 3

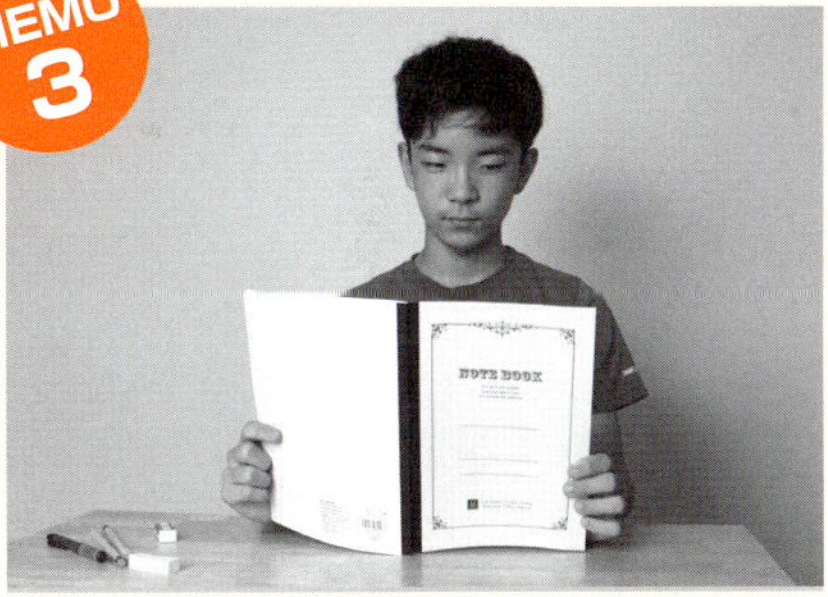

書いたことを見直しピークパフォーマンスにつなげる

日々の行動や感じたことをノートに記録しておくことで、パフォーマンスの良し悪しのバックグラウンドが見えてくる。つまり、自分自身のコンディションに向き合うこと。過去のページを読み返すことで、それまでのプロセスを理解することにつながる。

POINT 03

プレーの判断や決断力のスピードをアップする

冷静な判断から迷いなくアクセルを踏む

スポーツのプレーでは状況の判断から、次プレーを瞬時に行うための動作、決断力が必要。

夢や目標をノートに書いて成功を導き出す「夢ノート」「夢手帳」のようなものが存在します。それらは、まず夢や目標に期日や期限を設定し、次に達成に向けた行動やプランを完了形で書き出し、それに沿って実行していくことで夢を実現していくというものです。

一方スポーツノートは、夢や目標、期日をノートに書き込むだけで終わりません。スポーツノートの定義は、競技の種類や選手のタイプ、その人の思考や考え方に沿った成長記録であり、学術的にはサイコロジー（心理学）に基づいた「学びや気づき」のようなものです。したがって、競技中の判断スピードや戦術決定、決断力など、プレー向上のヒントとなる要素も具体的にまとめられる手段ともなります。

人の心の中にはアクセルとブレーキが存在します。行動するときはアクセルを踏み続け、行動した

MEMO 1

夢ノートではなく
自分自身の思考をまとめる

ただ漠然《ばくぜん》と夢や希望をノートに記したり、目的地を決めて旅程を描くのでなく、頭の中で漠然と考えていた思考や感情をノートに書いて、自分と対峙《たいじ》すること。思考の整理は、行動の選択肢を絞《しぼ》り、やるべきことを明確にする。

MEMO 2

判断や決断の
スピードをアップする

プレーの局面でアスリートは、絶えず「判断・決断」をしている。自分の思考を振り返り整理することで不安や迷いが消え、心はアクセル全開となる。それが結果的にプレーや戦術でのすばやい判断につながり、自らの決断力を磨いていくことができる。

判断と決断が遅いと よいプレーはできない

スポーツでは、「判断と決断」が繰り返し行われ、プレーが成り立っている。例えばサッカーのゴールキーパーは、相手選手と1対1になりそうなピンチで、すばやい状況「判断」から、前に出るという「決断」があって、はじめて動き出す。相手との距離やシュートの角度、自分の動作スピードを把握しつつ、練習や試合で失敗・成功を重ねて養われるスキル。

くないときはブレーキを踏んでいます。しかし、行動しているときでもなぜか不安を抱いたり、迷ったりするときに、無意識にブレーキも同時に踏んでしまっていることがあります。**このようにブレーキとアクセルを同時に踏みながらのパフォーマンスは、判断力が鈍り、大きな飛躍にはつながりません。**

スポーツノートは、いつから取り掛かれば良いのでしょうか。「元旦からはじめる日記は続かない」という言葉がありますが、「やってみよう!」という決断した、そのときこそがノートを書きはじめるタイミングではないでしょうか。

POINT 04

選手が頭で考え、理解しながらスキルを獲得する

伸びる選手は理解が根っこまでしみ込んでいる!?

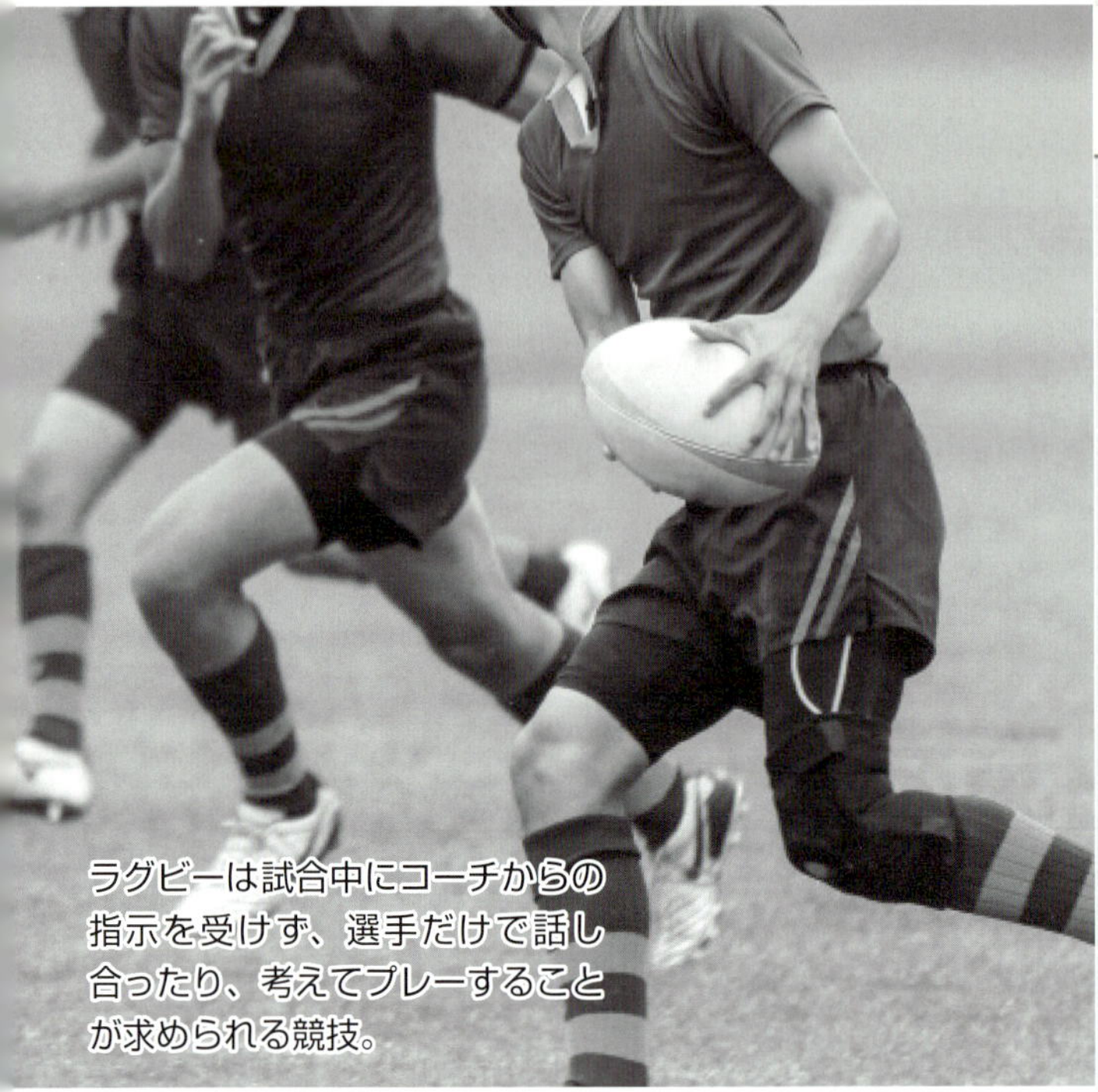

ラグビーは試合中にコーチからの指示を受けず、選手だけで話し合ったり、考えてプレーすることが求められる競技。

指導者のアドバイスに対し、「そのまま実行できる」「実行できない」「自分なりに解釈して考えながら実行できる」など、選手のスキルや成長の度合いによってタイプが分かれます。

例えば、作戦タイム時に指導者から「流れが相手にいっている、少しペースを変えよう」というアドバイスがあったとします。アドバイスの本当の意図を理解できない選手は、プレーとは直接関係ない、時間の浪費しかできないかもしれません。

しかし、頭のなかに引き出しを多く持つ選手は、相手が嫌がる間のとり方を知っています。具体的な戦術プランが頭(ノート)のなかに整理されているのです。

例えばテニスでサービスを打つとき少し間をとったり、ラリーに緩急をつけたりするのも方法のひとつであり、相手を惑わし、どうにかゲームの流れを自分に引き寄せ、勝利に近づくことができるのです。

MEMO 1

アドバイスが理解できない その時わかってもすぐに忘れる

伸び悩んでいる選手は、どうしても頭とプレーが結びつかず、アドバイスが理解できない、一度は理解してもすぐに忘れてしまう傾向がある。コーチに言われるがままの練習になっていないか、要チェック。

MEMO 2

自分で獲得したスキルはしみ込みがはやい

上達スピードのはやい選手は、自分の頭で考え、一度つかんだ技術や知恵が身体にしみ込み、スキルを獲得することができる。その結果が成長スピードの差になる。アドバイスをそのまま実行するのでなく、自分なりの解釈がそこにはある。

指導者が実戦で使える声掛けをする

タイムやミーティングでのアドバイスを試合ですぐに実行に移せる選手は少ない。指導者は大きな声で叫ぶのではなく、まず、オンコートで使えるような声掛けをすることが大事。より具体的で簡潔でもあること。そこで選手自身が理解し、実行できたことをノートに記せば、それが結果として根っこまでしみ込む。

MEMO 3

アドバイスをアレンジして取り入れてみる

書いてあることすべてが試合で使えるとは限らない。試合や練習で自分が感じたこと、「あっ、そうか」という気づきをノートに記す。指導者のアドバイスに、自分のテイストを加えて理解するので丸暗記ではない。

POINT 05

ノートをコツコツつけるタイプは準備を怠らない成功者

粘着《ねんちゃく》気質で悲観主義者が勝てる理由

豪快な投げ技ばかりに注目がいくが、相手の体を制御する寝技も決まれば一本。勝つ（＝一本をとる）ことには様々な方法がある。

オリンピックなどの世界大会でメダルをとるようなトップアスリートの資質のひとつに「粘着気質」があります。言い換えれば、どんなに追い込まれても勝負がつくまで最後の最後まであきらめない、粘り続ける気持ちです。

わずかなポイントの動きがメンタルに大きく作用し、それがパフォーマンスにも影響するスポーツの場面では、その執念深さは大切な要素となるのです。

また、物事に対して悲観的にとらえる選手と楽観的にとらえる選手、どちらが成功する確率が高いのでしょうか。その確率が高いのは、悲観的なタイプと言われています。

その理由は、悲観的に考える選手は「今回は成功したけど、次も成功すると思えない」「次は失敗するのではないか」と常に不安を抱いているため、失敗しないように…と念入りに準備を行うからです。

試合に必要な準備を ノートに書き出す

悲観的または楽観的という部分が結果を左右するのではない。大切なのは準備を周到に行うこと。試合に向けて必要なことをノートに書き出すことも準備のひとつ。もし不足があれば、次の機会に必ず生かすことも大事。

ピンチを想定し あらゆる準備をする

試合中、お気に入りのラケットが壊れたら・・・。準備をコツコツと積み上げてきた選手は、予備のラケットを必ず用意している。成功者としての資質を持っていると言える。準備を怠った選手は、ピンチの状況に陥ったときの策を持ち合わせていない。

準備を周到に行うことによって心技体が整い、実際の試合ではパフォーマンスが安定しやすいのも理由でしょう。

楽観的に考える選手は、頭のどこかで「次も成功するだろう」と思いがち。ポジティブにとらえることは決して悪いことではありませんが、不調のサインなども見逃してしまうとそれが結果的に準備不足につながり、落とし穴が待っています。

大事な試合前の リーチ・マイケルの忘れ物

ラグビー日本代表をキャプテンとして牽引したリーチ・マイケル選手は、大学時代の試合で片足側のスパイクを忘れ、うまくパフォーマンスが発揮できなかった、という苦い経験があった。厳格で真面目なアスリートとしても知られるリーチ選手にあっても、このような「忘れ物」があるのだ。準備の大切さがわかるエピソードといえる。

プレー中に頭のなかで迷いがあれば、決してよい結果は得られない。頭のなかは試合前に整理しておく。

POINT 06

頭の外付けメモリとしてノートを活用する

頭のなかにある情報をしっかり整理しておく

ノートに向かって目標や課題、感情などすぐにすらすらと書ける選手は、普段から練習や試合のことを考えている証拠と言えるでしょう。つまり頭の中で常に整理と準備を進めていて、ノート上で表現しているに過ぎません。

逆に「何も思い浮かばない」という選手は、何も考えていないのではなく、日々の練習や試合などで、すでに頭がパンクしそうなぐらいに混乱し、パニック状態でプレーしているのかもしれません。頭のなかが整理されていない状況でいくら良いプレーしても、そのパフォーマンスは長続きしません。

準備という観点では、日々のコンディションや自分のプレーの状態をノートに綴《つづ》る中で、見逃してはいけないポイントがあります。身体は調子がいいのに、プレーではしっくりこない、ミスが多いなど実際の感覚と結果にズレが生じているときです。もし

かしたらそれがケガの前兆かもしれません。
「息を吸う」ことを例にとると、私たちは意識して呼吸を行うことはありません。ところが意識すると、身体のどの部分が動いて、息を吸い吐き出しているのかわかるようになります。毎日の習慣になっているトレーニングや練習も同じです。**練習や試合で感じた身体の感覚や気づきをノートに書いておくことで違和感を覚えたり、オーバートレーニングやケガの防止にもつながるのです。**

MEMO 1

ノートは頭の外付けメモリ

不調やスランプに陥ったときは、客観的な情報を持っているノートを読み返すことで、解決のヒントを得ることができる。ノートは自分の情報が詰まっている外付けのメモリとも言える。ノートを持たないアスリートは、頭のなかが整理されずパンパンの状態。

MEMO 2

2つのノートを用意して使い分ける

ノートの存在をどうとらえるかは、人それぞれ。他人に見せてもいいノート、他人に見せない自分だけのノートなどいくつか種類をつくって活用するのもよい。2つのノートを併用する、どちらかを継続するなど、方法は自由。

ノートは自分の心を打ち明ける相談相手

コンディションやテクニックのことだけではなく、ときには他人に言えないようなネガティブな感情をノートに書き綴《つづ》ってみるのもよい。壁にぶち当たったときは、いつでもノートが耳を傾けてくれる。ノートこそが、自分の心を打ち明けられる相談相手となってくれるだろう。

POINT 07

書くことは身体に考えをしみ込ませる作業

ノート拝見①プロテニスプレーヤー青山修子選手

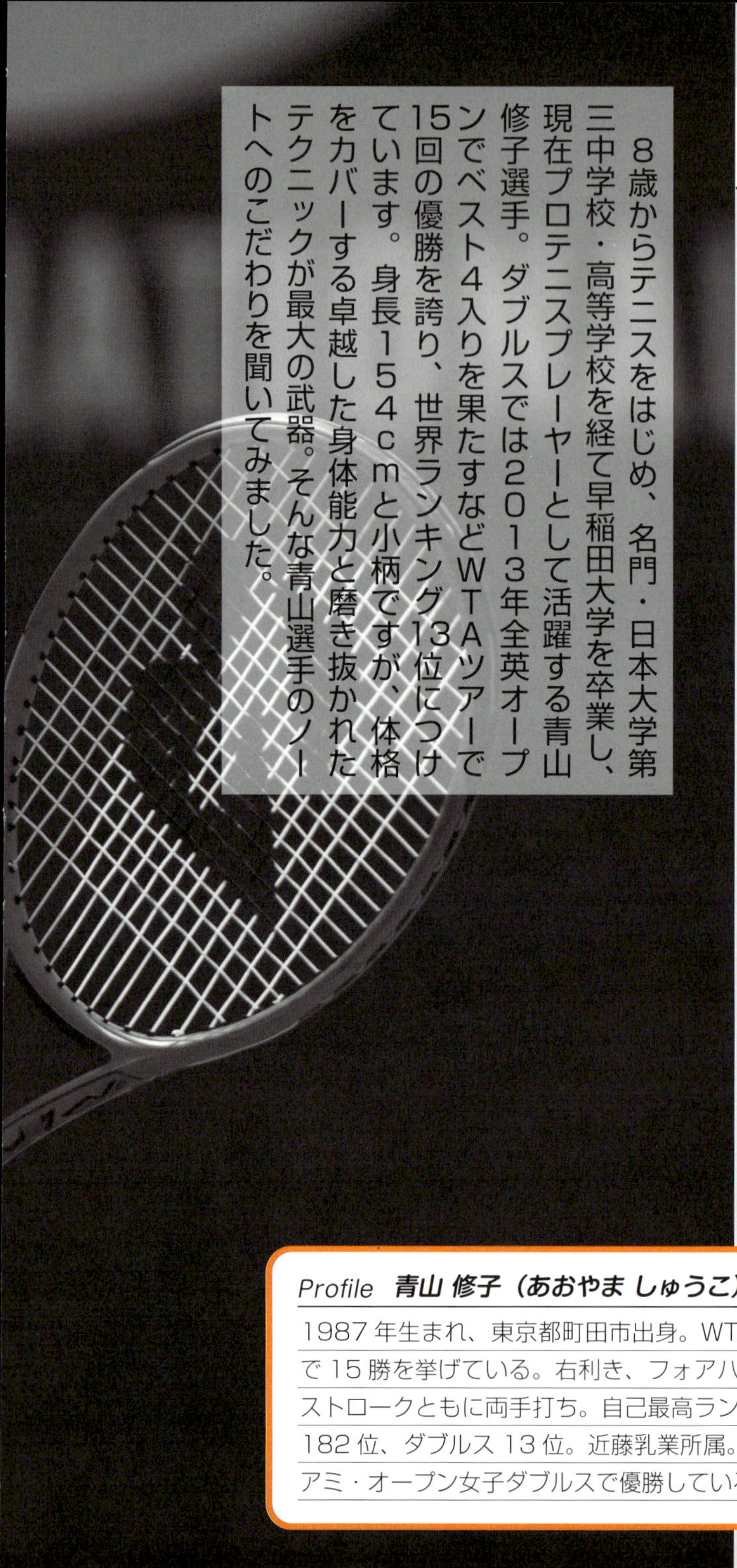

8歳からテニスをはじめ、名門・日本大学第三中学校・高等学校を経て早稲田大学を卒業し、現在プロテニスプレーヤーとして活躍する青山修子選手。ダブルスでは2013年全英オープンでベスト4入りを果たすなどWTAツアーで15回の優勝を誇り、世界ランキング13位につけています。身長154cmと小柄ですが、体格をカバーする卓越した身体能力と磨き抜かれたテクニックが最大の武器。そんな青山選手のノートへのこだわりを聞いてみました。

Profile **青山 修子（あおやま しゅうこ）**

1987年生まれ、東京都町田市出身。WTAツアーのダブルスで15勝を挙げている。右利き、フォアハンド・バックハンドストロークともに両手打ち。自己最高ランキングはシングルス182位、ダブルス13位。近藤乳業所属。2021年にはマイアミ・オープン女子ダブルスで優勝している。

――いつ頃からノートを書きはじめましたか？

青山選手■小学生の時に親に言われて書いていたこともあったんですけど、記憶しているのは大学生の頃です。大学ではコーチが常に練習にきてくれるわけではないので、練習で気になったことや修正ポイントなどを帰り道に振り返って書いていました。

　コーチに言われたことや自分が質問したこと、その日あったことに対して思ったことや意気込みなども書いていました。大学のときはテニスのことだけを書いていたんですけど、プロになってからは日記みたいな感じで、そのときに書きたいことを書いています。

――実際、ノートを付け始めて目に見えた効果や結果はあったのでしょうか？

青山選手■大学生のときにノートを書き始めてから、テニスが上手くなったなぁと実感した時期がありました。ノートを書き始める前は、ただなんとなく練習に取り組んでいたんですけど、ノートを書き始めてから練習のフィードバックを行うことで、今何に気をつけたらいいか、こうやって修正していこう、と頭の中でイメージしてから練習することが多くなりました。

　その当時の練習はすごく楽しくて、練習量も増えていたというのも上達した要因かもしれませんが、大学2年生の時に初めてインカレで準優勝して結果を出す

profile

　青山選手は体格的にそれほど恵まれていないこともあり、頭を使ったクレバーなテニスが持ち味。これまで高いレベルでプレーできてきた工夫が、ノートへのきめ細かい書き方からも伺える。リターンやストロークの「逃げない」、ポーチの「勇気をもって」という言葉には、シンプルながら自身の強い思いが込められている。

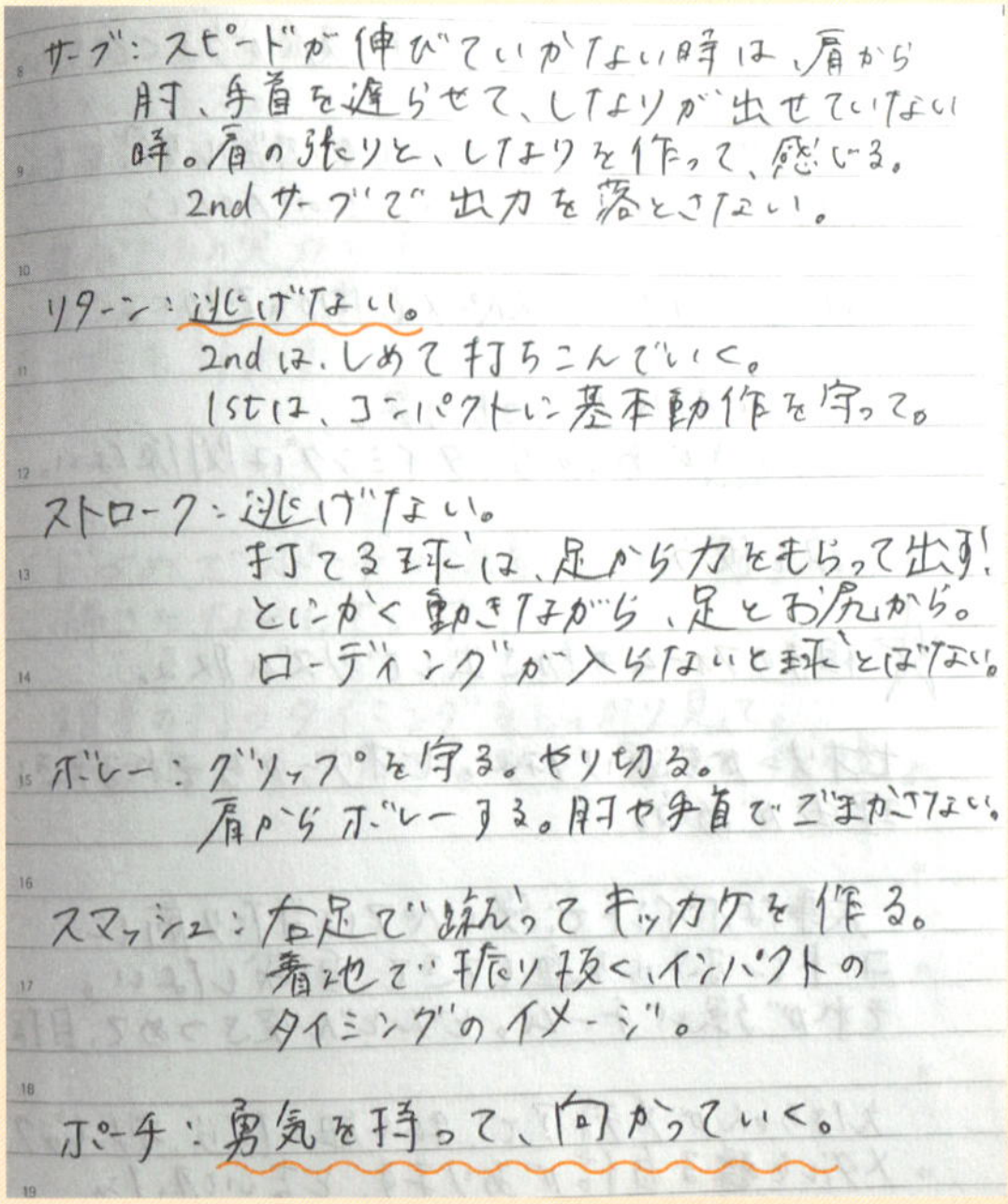
サーブ：スピードが伸びていかない時は、肩から肘、手首を遅らせて、しなりが出せていない時。肩の張りと、しなりを作って、感じる。
2ndサーブで出力を落とさない。

リターン：逃げない。
2ndは、しめて打ちこんでいく。
1stは、コンパクトに基本動作を守って。

ストローク：逃げない。
打てる球は、足から力をもらって出す！
とにかく動きながら、足とお尻から。
ローディングが入らないと球とばない。

ボレー：グリップを守る。やり切る。
肩からボレーする。肘や手首でごまかさない。

スマッシュ：右足で蹴ってキッカケを作る。
着地で振り抜く、インパクトのタイミングのイメージ。

ポーチ：勇気を持って、向かっていく。

ことができました。

――これまで書いた過去のノートを読み返すことはあるのでしょうか？

青山選手■身体のどこかが痛くなって、そのときトレーナーさんが分析した原因や対処法をノートにメモしています。同じような感覚で身体が痛くなったときは、ノートを見返して同じ対処をします。それは身体だけではなく、技術に関しても同じです。変な打ち方をしてしまったとき、『どうやって直すんだっけ？』と疑問に思ったらノートを見返します。

逆に「気持ち」や「感情」の部分は、見返してもあまり役に立つということはありません。以前に「結果を出した大会の1週間前はどんな気持ちだったんだろう？」とノートを見返したことがありました。でも、やっぱり感情はそのときの環境や状況によって生まれるものだから、次もぴたりとくることはない。しっくりこなかったので、心情的な部分に関しては、深く考えないようになりました。

――感情はあくまでも過去のもの。技術や身体の部分を記されているノートは、まるでご自身の取扱説明書のようですね。

青山選手■そうですね。私はそんなに器用なプレーヤーではないので、ノートを読み返していると、コー

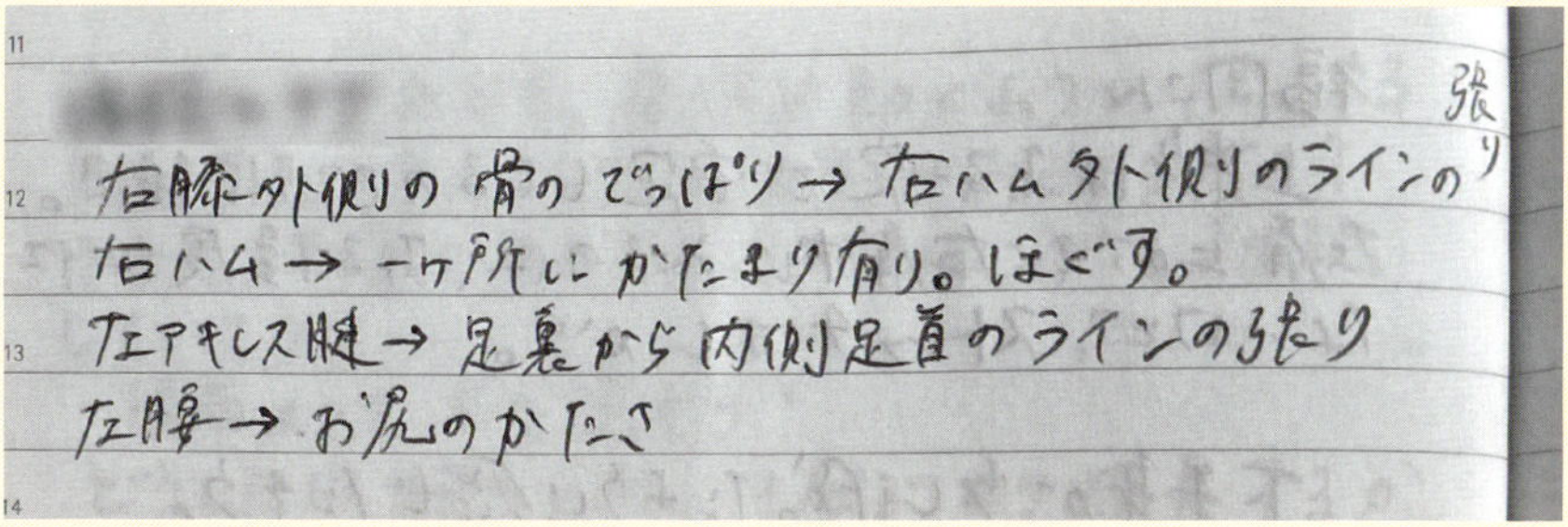

profile

ハンディを補うために、フィジカルを強みにできる身体を保てるようにしている。自らの体の癖を理解して、なるべくセルフケアで身体に問題が起きないようにするために、トレーナーから教わったことをノートに記している。これによって怪我につながらないよう早めの対処と、自分の身体の良さを使うプレーを可能にしている。

profile

コーチから言われたアドバイスも、自分にとって重要だと思ったら書き留めておく。「腹から飛ばせ！」は、手先だけで打つのではなく、全身を使って振り抜こうという自分への叱咤《しった》。こうしたキーワードがあると、試合の苦しい場面でパッと思い浮かびやすい。

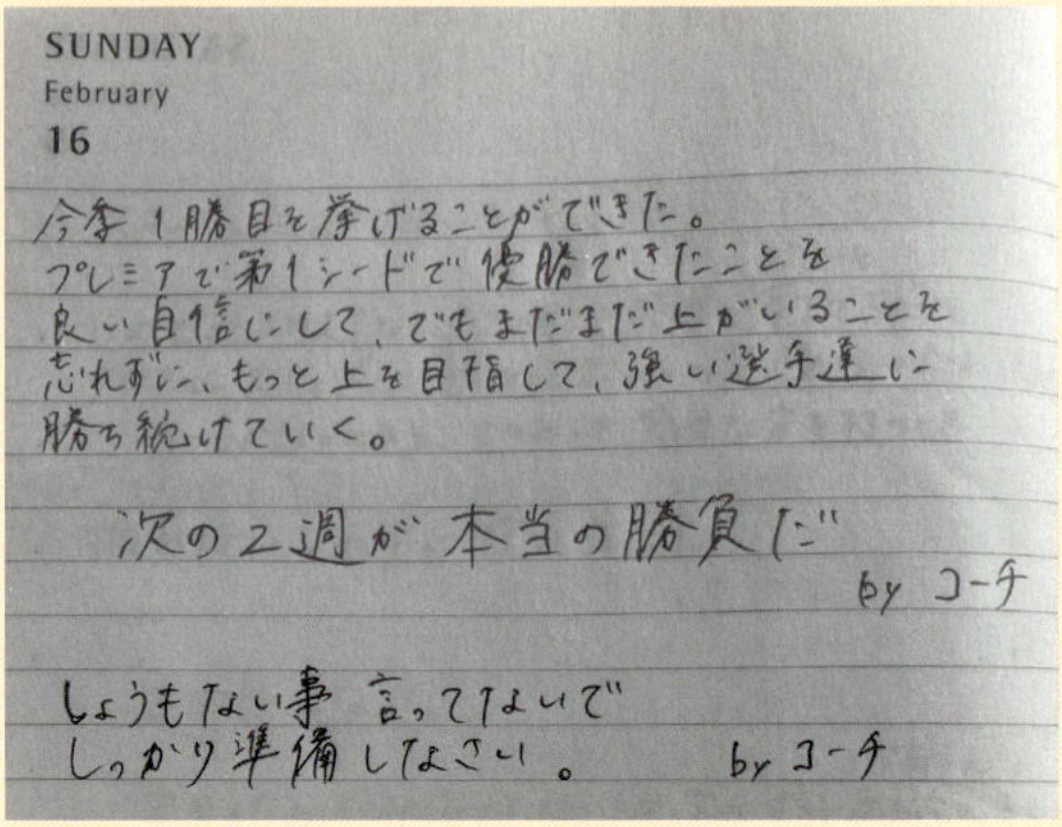

SUNDAY
February
16

今季1勝目を挙げることができた。
プレミアで第1シードで優勝できたことを
良い自信にして、でもまだまだ上がいることを
忘れずに、もっと上を目指して、強い選手達に
勝ち続けていく。

次の2週が本当の勝負だ
by コーチ

しょうもない事言ってないで
しっかり準備しなさい。 by コーチ

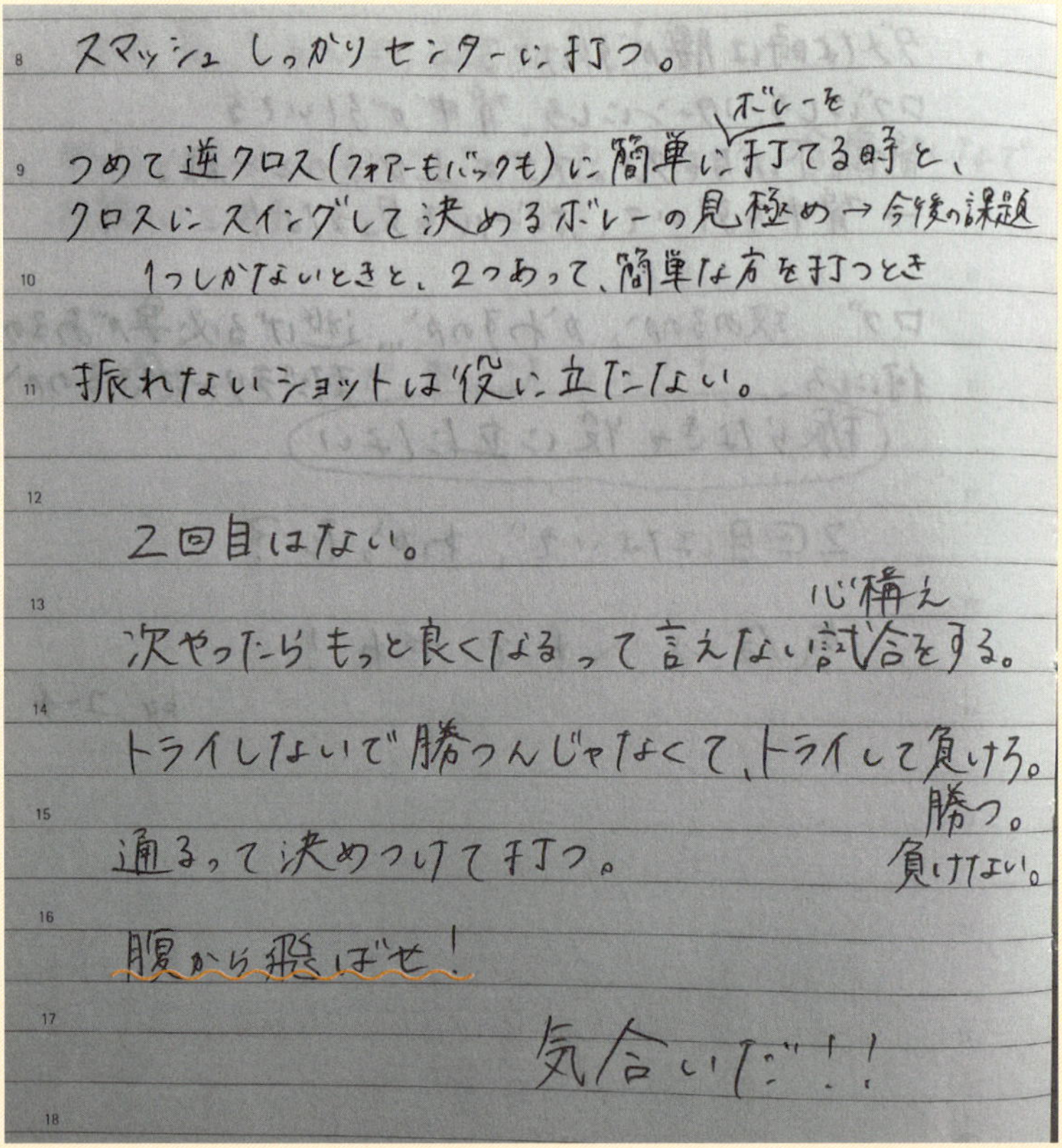

8 スマッシュ しっかりセンターに打つ。

9 つめて逆クロス（フォアーもバックも）に簡単にボレーを打てる時と、
クロスにスイングして決めるボレーの見極め → 今後の課題
10 1つしかないときと、2つあって、簡単な方を打つとき

11 振れないショットは役に立たない。

12

2回目はない。

13 心構え
次やったらもっと良くなるって言えない試合をする。

14 トライしないで勝つんじゃなくて、トライして負けろ。
勝つ。
15 通るって決めつけて打つ。
負けない。

16 腹から飛ばせ！

17 気合いだ！！

18

パートナーとの息の合ったプレーで数々の好成績をあげている。

チやトレーナーに「受験勉強か！」と言われます（笑）。私にとって書くという作業は身体に自分の考えを深くしみこませる作業ですね。

――テニスのダブルスはパートナーの存在が大切です。コミュニケーションという視点ではどのようにノートを活用していますか？

青山選手■ダブルスは、パートナーのよさを引き出すのが重要です。チームとして機能するために、自分は何をしたらいいのか。パートナーとこういうプレーをしよう、こういうふうに接しよう、など自分がトライしたいことを箇条書きではなく、文章にして書いています。パートナーとコミュニケーションをとっていく中で、どういうことをどういうふうに伝えたらいいのかをしっかり整理して、それを実行できるように意識します。実行できたときはチームもしっかり機能していると思います。

――ダブルスのペアは、いろいろな国籍の選手と組むこともあります。青山さんご自身はどのようなパートナー像が理想でしょうか。

青山選手■外国人選手は自分の考えをしっかり持っている選手が多いのですが、その中でも私の意見をちゃんと取り入れてくれるパートナーがいいですね。

例えばですが、パートナーにクロスを打ってもらいたかったという場面で、パートナーがストレートを打った。次はクロスを打てる?、と私が言ったときに迷いなく「いいよ」と受け入れてくれるのが理想ですね。

ただパートナーを選ぶときは、自分に持っていない技術やパワーだったり、体格だったり、そこを持っている選手を選ぶのが現状なのでそこも踏まえつつ、お互いのいい部分をリスペクトできて波長の合う選手がいいですね。きっと私の良さを引き出してくれると思うので。

――身長という部分で考えると、青山さんはテニスプレーヤーとしては決して高くなく、これだけ世界で活躍できるのは何か秘訣があるのでしょうか?

青山選手■基本的には、世界レベルでは私より下手な選手はいないって思っていますし、自分より強い選手ばかり（笑）。その中で試合で自分の力を出せるか、出せないかという部分はすごく比重が高くて、私自身は試合で自分の力を出せるほうだと思っています。そう、自分で思ってやっているので、ノートを書くことでその気持ちの部分をより強いものにして試合に臨《のぞ》めているというのはあるかもしれないです。

――試合に向けた準備とノートの存在は関わってきますね。パートナーとのコミュニケーションや戦術、ご自身のメンタルをノートに書くことで、スムーズに試合に入っていけるのでしょうか?

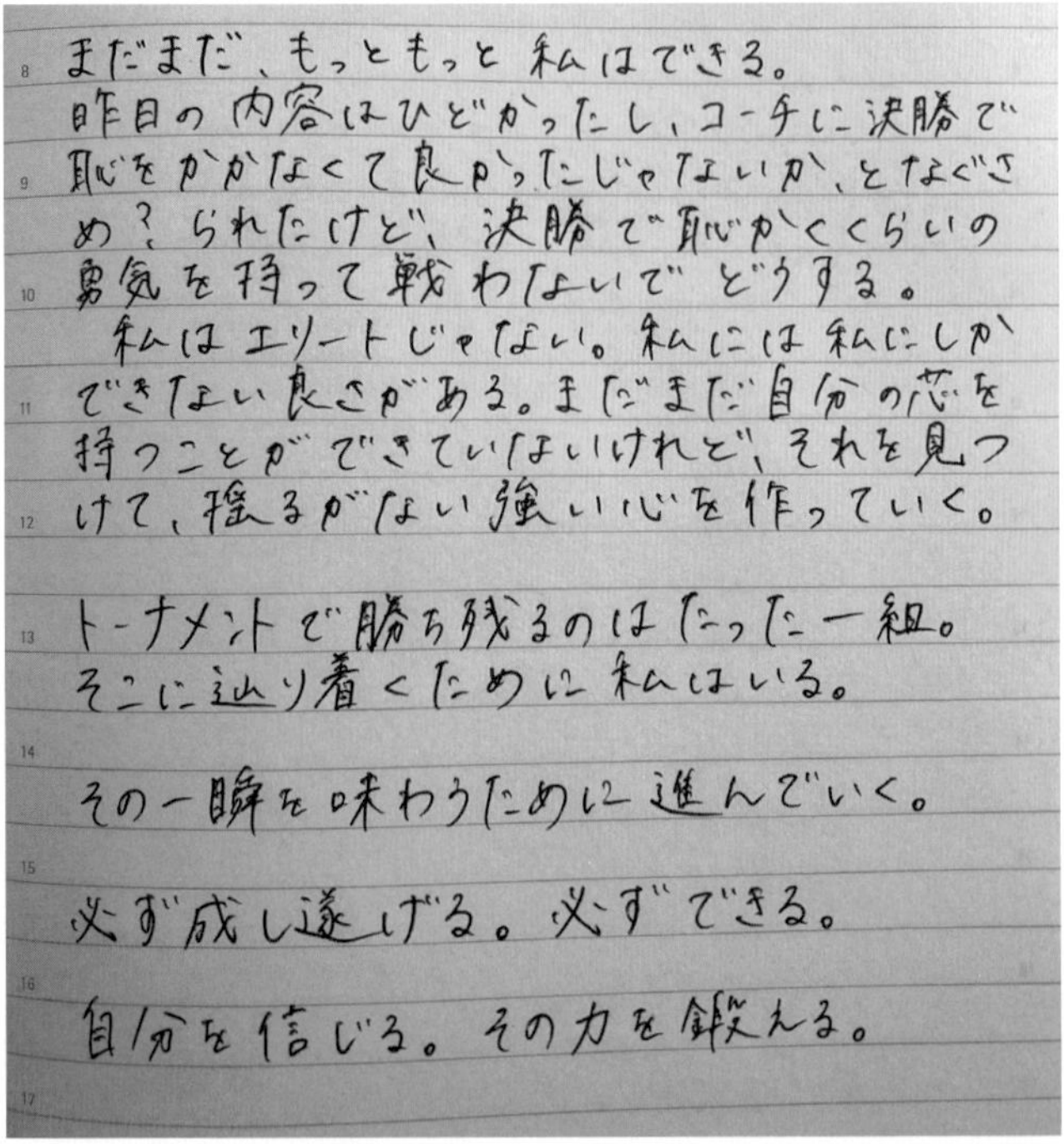
まだまだ、もっともっと私はできる。

昨日の内容はひどかったし、コーチに決勝で恥をかかなくて良かったじゃないか、となぐさめ?られたけど、決勝で恥かくくらいの勇気を持って戦わないでどうする。

私はエリートじゃない。私には私にしかできない良さがある。まだまだ自分の芯を持つことができていないけれど、それを見つけて、揺るがない強い心を作っていく。

トーナメントで勝ち残るのはたった一組。

そこに辿り着くために私はいる。

その一瞬を味わうために進んでいく。

必ず成し遂げる。必ずできる。

自分を信じる。その力を鍛える。


青山選手■コミュニケーションや相手に対する戦術は、そんなに書くことは多くないですね。どちらかというとその試合に対する気持ちの意気込みなど、どういう心持ちでプレーするかが大きい。試合中にちょっ

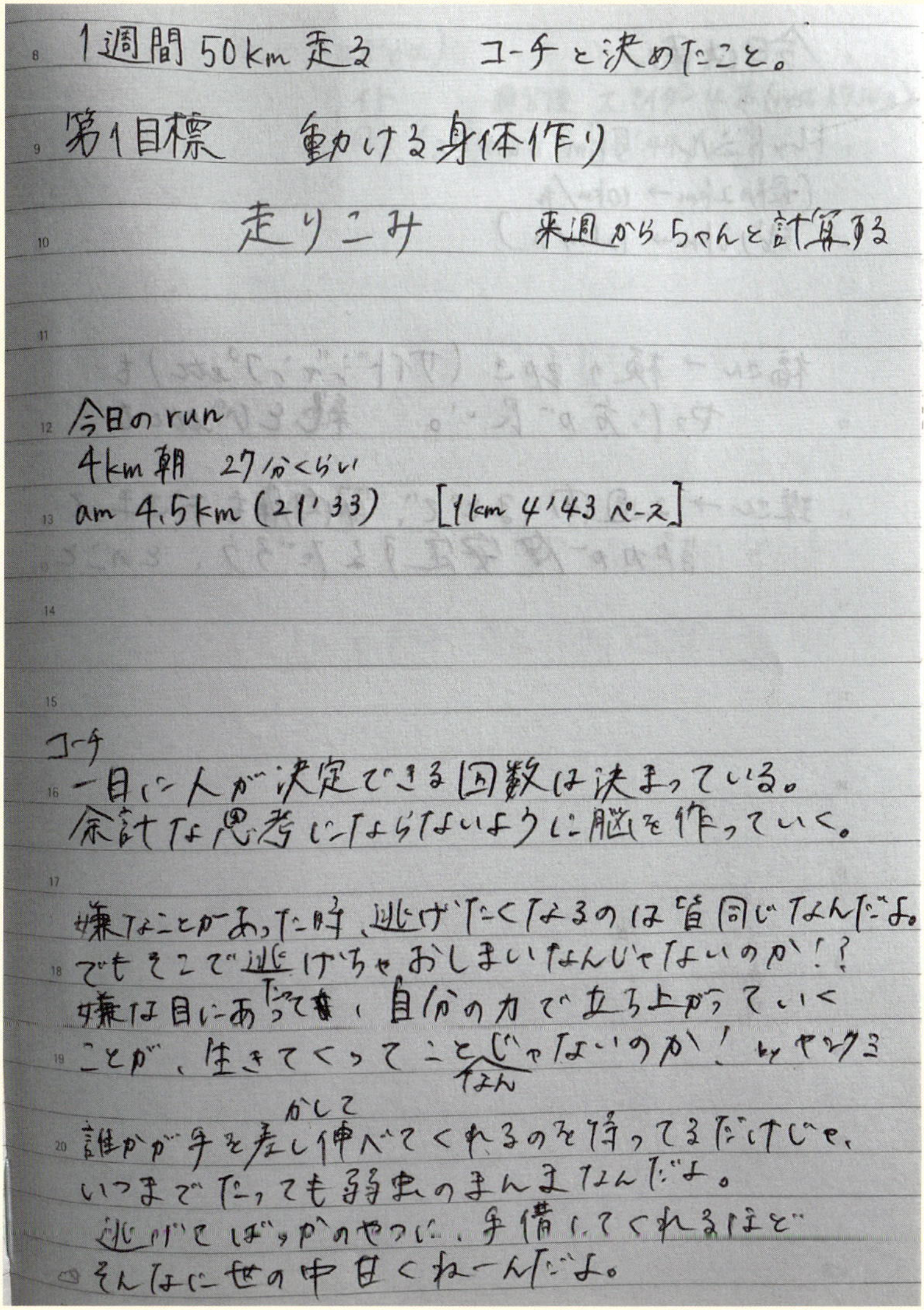
1週間50km走る　コーチと決めたこと。
第1目標　動ける身体作り
走りこみ　来週からちゃんと計算する
今日のrun
4km朝　27分くらい
am 4.5km (21'33) [1km 4'43ペース]
コーチ
一日に人が決定できる回数は決まっている。
余計な思考にならないように脳を作っていく。
嫌なことがあった時、逃げたくなるのは皆同じなんだよ。
でもそこで逃げちゃおしまいなんじゃないのか!?
嫌な目にあって、自分の力で立ち上がっていく
ことが、生きてくってことなんじゃないのか! by ヤンクミ
誰かが手を差し伸べてくれるのを待ってるだけじゃ、
いつまでたっても弱虫のまんまなんだよ。
逃げてばっかのやつに、手借してくれるほど
そんなに世の中甘くねーんだよ。

profile

「私はここで終わる人間ではない」という自分に対する期待と、「自分はまだ未熟なので、もっと鍛えることで成長する」という謙虚さ。この2つの気持ちがなければトップレベルでは戦えない。青山選手のノート全体からは、その両方の思いが見て取れる。

世界の大舞台で活躍する
青山選手。

としたパニックじゃないですけど、「何をしなければいけないのか」と気が動転したときに、ノートに「今日はこういうことに集中してやるんだ」と書いたことをもう一回思い出して、それに向けて集中してできる。ノートはそういう手助けになっていますね。

――実行したことがどういう結果につながったか、ご自身の評価も書かれているのでしょうか？

青山選手■いいえ。「今日はもっとこうしたらよかった…」とか反省のような表現を使っては書いていないですね。それを実行したところで、次に当てはまるかわからないので。私自身、もっと良くしていきたいという気持ちが強いので、書くときは「こういうことをしたらよかった。けれど、もっとこうしていきたい」という前向きな気持ちで書きます。

――ちょっとした言葉の使い方、表現にこだわりながら、自分が描く未来につなげていくということですね。

青山選手■はい。過去のノートを見返すと「する」「しよう」など言葉尻《ことばじり》に完了形や未来形を使っていることが多いです。技術のことや感情をポジティブにとらえていました。よかったことをさらによくするためにはどうすればいいのか、継続させるためにノートを使って整理しているのだと思います。

――ノートと約束する、というイメージでしょうか？

青山選手■そこまで堅い契《ちぎ》りではありませんね（笑）。今は毎日、書いていませんし。今は書きたいときに書くというスタイルです。試合に向けて気持ちを高めたいとき。あとはうまくいかない日があって、心がざわざわしたとき。自分自身を見つめて心を落ち着かせたいときに書くことが多いですね。とくに試合では、自分の力やよさを出せないこともあるので、それを出すためのひとつの方法です。書くことで「やるぞ！」と思える。心がざわざわしてもノートに書くことで平常に戻す、という繰り返しです。

――競技を長く続けられてきて、技術的な停滞期やメンタル的なスランプもあったと思います。その都度乗り越えるにあたって、ノートはどんな役割を果たしてくれましたか？

青山選手■やっぱりうまくいかないときに「ここはうまくいかなかったけど、それでも次はこうやってやるしかない」というような内容を書いています。気持ちが落ち込んでいても「もう一回がんばるぞ」と思える。ノートは気持ちを切り替える、ひとつの道具であるかもしれませんね。

PART2

鉛筆を握っても何から書けばよいのか、イメージが浮かばないこともあるでしょう。まずは自分の頭のなかにある「枠」を取っ払うことからはじめてみては。ノートを自由に使い、自分に合う記入のスタイルを見つけ出すことが第一歩です。

スポーツノートに書く内容を整理する

POINT 01

不必要なアプリを捨てて頭のなかをアップデートする

自分の限界や枠を取っ払うことからスタート

夢のような大舞台を最終的な目標にし、そうなるためのロードマップ（行程表）をノートに描いていく。

スマートフォンのなかには不必要なアプリが含まれています。お気に入りのアプリをアップデートしようしても、使っていないアプリが邪魔してしまうことはありませんか。同様に頭のなかには不要な情報が含まれています。まずは頭のなかにある不必要な「枠」を取り払うことが大切です。

子どもが成長していくうえで大切なものは、「自己有能感」や「自己肯定感」と言われるものです。それは「どんなことでも不可能なことはない、自分には必ずできる、限界はない」という発想です。幼少期には誰もが持ち合わせている要素ですが、成長に伴い、自分のスキルや取り巻く環境によって失われていくことがあります。

例えば「野球のメジャーリーグで活躍したい」「サッカーのワールドカップで優勝したい」など、とてつもなく大きい夢を発する子どもがいますが、

成長するにつれ「自分にはかなわない夢だ…」とあきらめてしまう。知らず知らずに限界を決めてしまっているのです。

ジュニアアスリートの理想的な成長段階としては、まず周囲が限界を決めつけるのではなく、子ども自身が自己の能力と向き合い、しっかり目標を立ててクリアしていくことです。立てた目標が難しいようなら、新しい目標に再設定（アップデート）すればよいのです。

MEMO 1 「いまの自分」と「なりたい自分」を照らし合わせる

ノートに自分の現在地と目標をしっかり書き込むことで、「いまの自分」と「なりたい自分」を照らし合わすことができる。今のスキルや周囲の評価は、不必要なアプリケーション。ノートを書き進めながら新しい自分にアップデートしていく。

MEMO 2 具体的な数値目標を決めて取り組む

■チームでレギュラーになる（中学１年）	■大会で MVP 選手になる（中学３年）
100m スプリント 15 秒 00	100m スプリント 13 秒 00
5km 走 21 分	5km 走 19 分
リフティング回数 50 回	リフティング回数 200 回
アシスト数（1 試合平均） 1	アシスト数（1 試合平均） 3
ゴール数（年間） 10	ゴール数（年間） 50

その時々の進捗《しんちょく》を把握《はあく》するための数値を記入する。そうすることで、今の自分が目標に対し、どれぐらい到達しているかが一目でわかる。数値を達成したときは、新たな目標を設定する。期間内に達成できなくても、次の目標にアップデートしていくことが大事。

自分が思っていることや考えていることを、手を止めずスラスラと書けることが理想。書いている際に不具合やストレスを感じる方法は長続きしない。

POINT 02

慣れたツールを使って頭のなかの情報を文字にする

記録するのは紙とは限らない。パソコン、スマホ活用法

パソコンやスマートフォンがなかった時代、日記は「日記帳」というノートにペンや鉛筆で、思いや考えをつづることで記録してきました。スポーツノートにおいても同様に分厚い日記帳タイプのものはもちろん、文具として活用されている「ノート」を使うことも可能です。ノートの場合、ページ数や大きさも様々あるので、どのようなタイプが書き込みやすいか試してみるのもよいでしょう。

しかし、ＩＴ化が進む現代では、ノートや紙だけではなく、パソコンでの文書作成やスマートフォンのメモ機能も充実しています。**写真や動画なども簡単に撮影し、残すこともできるため、こうしたＩＴ機器を利用して日々の練習メニューや成果を記録しているアスリートも多いと聞きます。**

大切なのは「紙を使うのか、ＩＴを使うのか」でなく、何を使えば自分の用途にあって使いやすいのか、ということです。

MEMO 1

上手に書こうとせず どんどん吐き出す

ノートに書く場合、字が汚いからと何度も書き直したり、わからない漢字を調べるたびに手が止まるのは効率的でない。少しくらいの漢字の間違いは大目に。大切なのは、頭のなかにあるものをノートにどんどん吐き出すこと。

MEMO 2

パソコンの能力を 最大限活用する

パソコンやタブレット端末は、現代ならではのツール。慣れたキーボードなら執筆もスピードアップする。パソコンならではのソフトや編集ツールもあるので、データ管理や分析などにも活用できる。

MEMO 3

指を使って アウトプットする

スマートフォンの操作に長けているなら、「指で文字を打つ方がはやい」という人もいるかもしれない。身近にあるスマートフォンならいつでもどこでも、気がついたこと、頭のなかにあることをアウトプットできる。

アプリやソフトを活用して コンディションを把握する

スマートフォンやタブレット端末には、便利で優れたアプリやソフトがある。「日記アプリ」は、その日の出来事や思ったことをSNS感覚で書き入れることができる。また、カレンダーを搭載《とうさい》しスケジュール管理もできる電子手帳アプリもあるので、試合予定やトレーニング内容を併記し、コンディショニングノートとしても活用できる。

POINT 03

自由に取り組むスタイルが発想を飛躍させる

定型ノートではない自由型ノートのすすめ

ノートにはどんなタイプがあるのでしょうか。線が引いてあるもの、線が引いていないもの、マス目があるもの。それと同じようにスポーツノートのタイプも書く人によって様々です。

真っ白なノートにスラスラ書ける人もいれば、ノートを開いても1文字も書けない人もいます。なかなか書けない人には、あらかじめ「いつ?」「どこで?」「何が?」という項目をページに入れたり、「日時」「練習内容」「感想」など、日常的に使えるひな形を用意しておくと、少しずつ書くことに慣れていくでしょう。

しかし、内容を突き詰めていくには、構造化されたフォーマットのあるノートよりも、**自由な発想で取り組める、ひな形のないノートの方が考える力も飛躍《ひやく》していきます。最初は何も書いていないノートに、思ったことを自由に書き入れることからはじめ**

個人の精神的な成長を目的とするエンカウンター・グループ

エンカウンター・グループは、アメリカの臨床心理学者カール・ロジャーズが創始した。集中的な時間のなかで、参加者が率直に語り合い、聞き合うことを中心に展開するグループ経験。自己理解や他者理解を深める「個人の心理的成長」を目的としている。

グループで語り合うことで、自己理解や他者理解を深める。

てみるとよいでしょう。

その根拠を示す方法として、心理的成長を目的とした「エンカウンター・グループ」という手法があります。これは名前も性格も知らない10人前後の人が集まり、集団で長い時間を共有し、議論するというもの。

エンカウンター・グループには、課題やエクササイズが用意されている「構成的エンカウンター・グループ」と、感じたことを自由に表現していく「非構成的エンカウンター・グループ」があります。

どちらも、自分と出会い、他人と出会い精神的な成長を促《うなが》すためのものですが、非構成的なグループは、参加者の個性がより反映され、ドラマティックな結果を得る可能性があるといわれています。

ノートの書き方においても、大人が用意したひな形のあるノートよりも、個々が自由に書いていくノートのほうが発想力を高めることにつながっていきます。

MEMO 1

リーダーが主導権を握って議論を進める

リーダーが主導権を握って進める構成的なグループは、心理的エクササイズなどを体験しながら、リーダーのもとで話し合い、課題をクリアしていく。指導者やキャプテンが主導するので議論もスムーズに進み、建設的な内容に落ち着く。

MEMO 2

非構成的なグループは参加者が自由に議論する

参加者は、沈黙などによる居心地の悪さを体験しながら、少しずつ自らの言葉や態度で発信する。それに対し、反対意見が出たり、ありのままの感情をぶつけ合うことも。長い時間、これを繰り返していくと、お互いのことを理解する自己開示につながり、ときに飛躍的な発想が生まれることもある。

POINT 04

疑似的な手紙のやり取りから相手の考えを想像する

未来の自分に手紙を出してみる

ロールレタリング①

高校3年生の自分へ

お元気ですか？
中学生のときにあげていた目標の「甲子園出場」をかなえることができましたか？
先の大学進学のことも考えて、文武両道の名門校を希望しましたが、しっかり勉強をして無事合格したでしょうか。

甲子園では、二番セカンドを任されているかもしれませんね。
中学生の頃は、体の小ささに少し悩みましたが、小技を磨こうと思ったら、野球に集中できるようになりましたね。

毎日バントや走塁をたくさん練習し、
中学2年でレギュラーまでもう少しのところまできています。
高校生になったら硬式球に変わるので、
もっとバットを振り込んで、
打撃を向上しなければなりませんね。
甲子園では、バットの金属音を響かせて
鋭い当たりをかっとばしたいです。

中学2年生の自分より

自由な発想でいざノートを書こうと思っても、最初は何を書いたらいいかわからず、なかなか書き出せないという人もいると思います。そういうときは、自分へ手紙を書く「ロールレタリング」という手法を用いてノートを書いてみましょう。

ロールレタリングとは、まず自分が手紙を出したい相手を設定します。それはコーチだったり、先輩だったり、自分自身でも構いません。手紙を出す相手を想いながら、伝えたいメッセージを手紙に綴《つづ》ります。

次にその手紙を自分自身で受け取り、読み返し、相手になり代わって返事を書きます。そして、また自分自身で手紙を受け取り、相手へ返事を出します。**このやりとりを何回か繰り返していくうちに、少しずつ手紙を出した相手の気持ちがわかるようになり、関係性が円滑《えんかつ》になっていくという手法です。**

「机に向かってもペンが進まない」という人は、こ

MEMO 1

監督の気持ちになって自分にアドバイスする

　自分の手紙を監督になり代わって読んで、今度は自分宛に返事を書く。「君は試合後半でバテてる傾向がある。レギュラーになるならスタミナを強化しよう」というように、相手の気持ちが理解できるようになり、これまでとは見方も変わってよい方向へ進む。

MEMO 2

監督に自分の思いをぶつけてみる

　チームスポーツに取り組んでいる選手であれば、監督やコーチ、先輩や仲間に対して、普段なかなか言えないようなことを手紙に書く。例えば監督に「なぜ、自分をレギュラーとして使わないのか」というメッセージを書くのもよいだろう。

ロールレタリング②

顧問の先生へ

自分は万年補欠の選手で、
守備もバッティングもうまくなかったけど、
最後の大会に代走として出場させてくれましたね。
試合は負けてしまったけど、
チームメイトのヒットでホームベースを踏んだときは、とても嬉しかったし、これまでの部活動のたくさんの出来事が思い出されました。
先生のおかげで自分に自信が持てたことに感謝します。
高校でも何か新しいことにチャレンジしたいと思います。

顧問の先生より

君が誰よりもはやく学校にきて、
朝錬で一生懸命ベースランニングする姿を見ていたよ。
本当によくがんばった。
グラウンド整備やキャプテンのサポートなど、
野球のプレー以外でもがんばる姿は、
とても頼もしく思います。

の「ロールレタリング」が効果的です。まずは未来の自分宛に手紙を書いてみる。次の日はそのページを読み返し、過去の自分へ返事を書いてみるのもよいでしょう。

　手紙を書く作業を日記として機能させれば、すらすらとノートを書けるようになるだけではなく、自分の悩みをエネルギーに変換できる効果が期待できます。

POINT 05

ダブルスタンダードで書き分け理想のノートに仕上げる

「勝利」だけがノートの目的ではない

スポーツノートを書く目的は、自分自身が掲《かか》げた目標を達成するだけでなく、アスリートとしての思考、人としての生き方に通ずるヒントをつかむためのものです。

例えば「県大会の優勝」を目標に掲げた選手がいたとします。努力の結果、その選手は優勝することができたとしましょう。しかし、もっと大切なことは、ノートを書くことで何に気づくことができたかなのです。

あと1ポイントで勝利を逃したとき、ケガで出場をあきらめたとき、苦しいときに励まされたコーチの言葉が響いたとき、勝つことだけが、決してすべてではないことに気づくはずです。

理想のノートをつくっていくためには、「今取り組むことで役に立つこと」、「積み重ねていくことで役に立つこと」という2つの局面、いわゆるダブルスタンダードで書いていくことが有効です。

今やるべきことの例

- □基本的な守備や走塁、打撃の技術（野球）
- □ドリブルやパスの技術（サッカー）
- □ボールハンドリングやシュート技術（バスケット）
- □タックルやラン、キック技術（ラグビー）
- □ストロークやサーブ技術（ラケットスポーツ一般）

積み重ねていくことの例

- □筋力強化でスピードや飛距離をアップ（野球）
- □スタミナ強化で走力アップ（サッカー）
- □ジャンプ力やスピードの強化（バスケット）
- □体幹やフィジカルの強化（ラグビー）
- □体幹やフットワークの強化（ラケットスポーツ一般）

MEMO 1

短期的な目標でモチベーションを維持

モチベーションが下がらないように、「今役立つこと」に取り組み、目に見えた成長を実感すること。目の前にあるやるべきことを書き出し、クリアできたことをノートに書き込んでいく。

MEMO 2

いろいろな角度から物事を考える

双眼鏡で遠くを見たり、近くを見たりする感覚で、2つの局面を書き分ける。それがモチベーションを上げていくコツであり、課題の克服《こくふく》や目標の達成につながっていく。

「積み重ねていくことで役に立つこと」は一生懸命取り組んでいても、すぐに効果や結果につながらないことがあります。特に新しい取り組みは、習得するまで時間がかかることもありますし、それが将来を見据えてのチャレンジなら結果を急ぐ必要はありません。

一方で「今やること」は、その日できたこと、達成したことをチェックすることが大切です。

努力と結果は必ずしも結びつくものではない

アスリートの名言に「努力は必ず報われる」という言葉がある。病を克服し、競泳のオリンピック代表に選ばれた池江選手も口にしたフレーズだ。それでは2位以下の選手は、努力しなかったのか、あるいは報われなかったのだろうか。決してそうではない。結果だけで捉《とら》えようとするのではなく、努力を続けてきたプロセスこそに大きな意味がある。

POINT 06

ノートは心のゴミ箱や整理棚のような存在

ノート拝見②再春館製薬所バドミントン部　福本真恵七選手

Profile　**福本 真恵七（ふくもとしえな）写真右**

2000年生まれ、大阪府出身。福島県の猪苗代中学校からふたば未来学園高校に進学。中学時代は全国中学校バドミントン選手権のダブルス優勝、全日本ジュニアバドミントン選手権大会のシングルス第3位。高校ではジュニアナショナルチームに選ばれ、世界ジュニア選手権ダブルスベスト8、全国高校選手権の団体優勝などの結果を残している。2019年より再春館製薬所バドミントン部に加入。

バドミントンの強豪チーム・再春館製薬所に所属するダブルスプレーヤー、福本選手は、ふたば未来学園高時代に団体戦で日本一に輝き、世界ジュニア選手権でベスト8を果たした実力を持つ期待の若手選手です。「元々書くことが好きだった」という福本選手は、小学校時代からノートを書き続け、活用してきたと言います。世界で活躍する先輩プレーヤーから多大なる影響を受けながら、日々練習に精を出す福本選手にノートの役割を聞きました。

――いつ頃からノートをつけ始めていますか？

福本選手■小学生の頃からつけていて10年くらい続けています。中学校では先生に提出する部活ノートもあって、日記みたいに練習メニューや調子、感想、試合のときは結果と感想を1ページごとに書いていました。それとは別に自分だけのノートには、試合の結果やもらったアドバイス、好きなフォーメーションとか攻撃パターンを書いていく。ノートは常にラケットバッグに入れて持っていました。

――2冊のノートを使い分けていたのですね。高校時代は？

福本選手■高校の時は、毎日1人ずつ部活ノートを書いて皆でまわしていました。自分が担当だったら、その日のチーム全体の雰囲気、チーム全体の反省、個人的な反省を書く。私はよく仲間が書いたページを「あのとき、こんなふうに思っていたんだ」というように知りたくて、読み返していました。「声出しをがんばれなかった」とか書いてあれば、「私が声を出してフォローしよう」って思っていました。人の考えから得られる反省はありましたね。部活ノートとはまた別で自分のノートは、毎日変わらずに書いていました。

――皆に見られる部活ノートとマイノート。どんなことに意識して書き分けていましたか？

サーブを打つ福本選手。

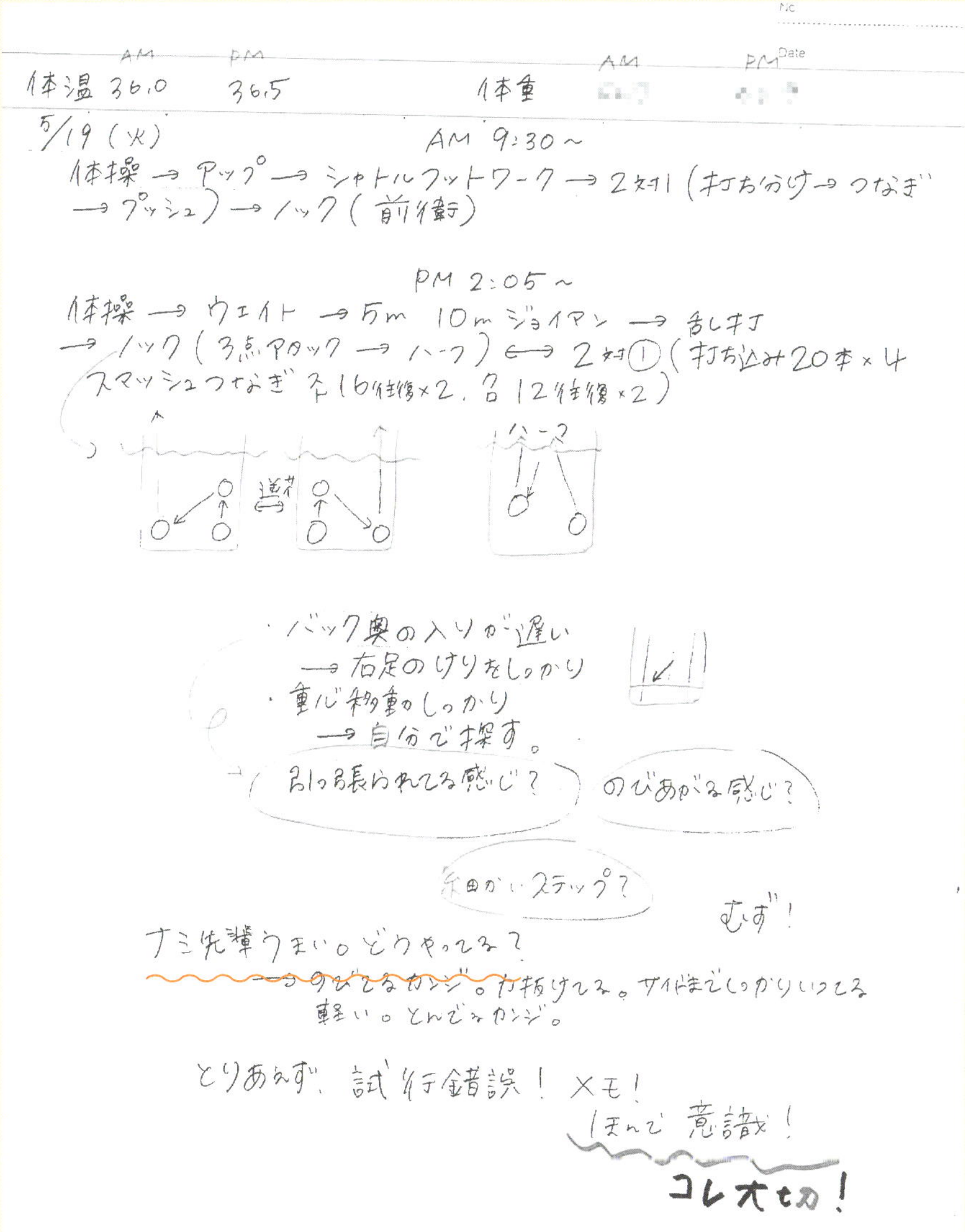
No
Date
AM PM AM PM
体温 36.0 36.5 体重
5/19（火）
AM 9:30〜
体操→アップ→シャトルフットワーク→2対1（打ち分け→つなぎ→プッシュ）→ノック（前衛）
PM 2:05〜
体操→ウエイト→5m 10m ジョイマン→乱打→ノック（3点アタック→ハーフ）⟷2対①（打ち込み20本×4
スマッシュつなぎ ス16往復×2、そ12往復×2）
ハーフ
・バック奥の入りが遅い
→右足のけりをしっかり
・重心移動しっかり
→自分で探す。
引っ張られてる感じ？
のびあがる感じ？
細かいステップ？
むず！
ナミ先輩うまい。どうやってる？
→のびてるカンジ。力抜けてる。サイドまでしっかりいってる
軽い。とんでるカンジ。
とりあえず、試行錯誤！ メモ！
ほんで意識！
コレ大切！

profile

ノートからは「上手な先輩を観察しよう」という姿勢が見える。技術の習得は、自分で興味を持ち、実際にやってみるのが大切。すぐに教えてもらおうとしていないところが素晴らしい。「この料理は美味しいね」で済ませず、「どうやって作るのだろう」と思える思考がレベルアップにつながる。

総合で絶対に1回戦突破する!

No.

全日本総合まであと82日!

Date

体温 AM 35,9 PM 36,3 体重 PM

9/29(火) AM 9:30〜

体操 → アップ → 基本 → 3対3(11点×4)

→ 3対2(攻めから守り15分 → 守りから攻め15分) → 2対2(組み替え3点)

前に切った人が入る③　あげられたら攻め②

PM 3:00〜(メインスタート)

体操 → アップ → 基本 → ゲーム(2ゲーム打ち切り ×2)

オ/フク(22-24 / 21-15)　オ/フク(13 / 18 > 21)

・目が合わない、流れが悪い時にハイタッチなくなる(決めた時)
　→ ずっと手を出し続ける
・の時、あげてるけども同じ所ばっかし、動かせてない
　→ 大きい展開が嫌、「低い速い展開で、　したい」まで言う
・相手がこうだから、嫌なプレー 苦手 など決めつけて入らない
・流れが悪い時にどうするか.
(フォア側の)→ ・ドライブから つりあげられた時、スマッシュが内に入りすぎ、ストレートに打つ
・すぐにロブ打たない。ネットおける所はおく、チャレンジ
・すぐに何かしようとしてミス。もったいない、そこの判断
・後半に点数を大量失点する。→この時の気持ちは?
　その場での判断(瞬時に色んなこと考えて選択)
・自分で言って、その責任をもつ。「自分も言ったからにはやらなくちゃ」

今日は色々と垣岩せんぱいに相談した!
　話してみると得られる考え方とかたくさん。
ちょっとずつ、自分からも発信、発言できたらよいな。
また相談してみよう。
明日もがんばるぞ ――――!!!

「目標」と、その期日(「あと 82 日」)を目立つ上部に記し、目標を達成するためにやるべき細かなことをページの下半分に書いている。計画の立て方が整理されている。体温や体重などもきちんと書いており、このことで自分のコンディションを把握しやすくなる。

パートナーの小野菜保選手と
練習中の福本選手（右）

福本選手■自分のノートは基本的に他人に見せることはありません。中学の時はあまり自分の感情を書くことはなかったのですが、高校時代はその時々の自分の感情をよく書いていました。

――**高校卒業後、すぐに社会人プレーヤーとなりましたが、現在はどのような形でノートをつけているのでしょうか？**

福本選手■練習が終わって家に帰って、自分のやることが終わって寝る前にノートを書いています。1日の振り返りじゃないですけど、何があったのか思い出しながら10分から15分くらいかけて書いています。それが習慣になっていますね。練習がないときは書いたり、書かなかったり…。ノートには日付、その日の体温、体重、目標、練習メニュー、試合の内容、練習や試合で感じたこと、アドバイスを書いています。

――**ご自身の体調の記録も書かれていますね。**

福本選手■毎日、朝と夜に体温、午前と午後に体重を計っています。とくに生理の期間はイライラしていた、眠かったとか、感情やコンディションもこまめに書くようにしています。あとは身体の中の不具合、例えば筋肉痛だったとか身体の変化も書いておきます。試合前は体温が上がっているな、とか、試合の何日前から動きが固い、緊張していたんだな、とか自分自身のことを把握するのに役立てています。

――ノートをつけていて自分なりに工夫していることはありますか?

福本選手■実は2021年からノートの書き方を変えました。2020年は目標が揺れてしまった部分があって、自分の目指すところって何だろう?と思うことが多かったんです。なので、目標がゆらゆら揺れないように常に意識できるような形式に変えました。自分が目標にしている大会があったら100日前からその大会まで「あと何日」とノートに書いてカウントダウンしていきます。最初にくるのは1年間で成し遂げたい目標、ゴールを書く。次に月ごとの目標を書いていきます。最後にくるのは日ごとの目標。ノートを書き終わって閉じるときに次の日の目標を次のページに書く。朝、起きてノートを開くことはないのですが、頭の中にインプットされているのでスムーズに練習に入ることができます。

――目標を掘り下げていくことで、目の前のやるべきことが明確になる。ノートの存在は大きいですね。

福本選手■入社して1年目のことですが、それまで書いていた自分の感情をノートに書くのをやめたことがあります。あるとき、試合の振り返りをしたときにどういう感情でやっていたのか、どういう練習をしていたのか、まったく思い出せなくて。これではダメだと思って、2年目から自分の感情をノートに書いて吐き出していこうと思い直しました。

――続けていたことを一旦やめることで、改めてノートの大切さに気付いたんですね。

福本選手■はい。実は私、1年目は思い通りにいかないことや悩みがあるとよく泣いていたんですよ(笑)。2年目から自分の感情をノートに書き始めてからは心が軽くなりました。驚くほどに泣く回数も減って、周囲から泣かなくなったね、と言われるようになりました!自分がその日思っていることを全部ノートに書いているからだと思います。ノートは心のゴミ箱や整理棚のような存在ですね。

――ノートを使って感情を整理することで、心のコントロールができる。

福本選手■はい。自分の感情を次の日にずるずると引っ張ることはなくなりました。その日にあったことを殴《なぐ》り書きでもいいから書いていく。文字に気持ちをぶつけるみたいに(笑)。たまにノートを読み返すんですけど、すごく面白いです(笑)。メチャクチャネガティブなことも書いているときもあって、こんなことを思っていたんだってビックリしますね。

全日本総合で絶対に1回戦突破する！
No.
総合まであと54日！
Date
AM　PM
体温　35.9

10/27(火)　premium サーキット2020　2日目

予選2

(21 < 18 / 9)

予選3

(21 < 19 / 19)

・あげたいけど、ここあげたらダメってとこの
即座に判断する。
→特に終盤の時ほど、簡単にあげすぎてる。
・フォアのハークに打たれた時のタッチが遅い
・何でもかんでもクロスにあげたらよいわけじゃない NG
→ペアの状態をみて、自分の方にあげて勝負してよいんじゃない？
・相手の体勢が崩れてクロスに逃げてきた球に対して
またクロスに打ってNG。
→ストレートにつけば怖い球こないよ。
・試合中の雰囲気，やることの意図をハッキリ
→勝つ雰囲気が作れてない。
何がやりたいか伝わらない。
・試合前の行動から見直し，私生活も。
・ただ返すNG，狙いがない。
→打って次，次，次！
・スマッシュ打ったのに上から取られてクロスカウンター，？何やってんの？
・サーブ周りをもっとハッキリ。

今日も負け。まず気持ちの部分で負けてる。
自分がミス多くてどうするの。ミスしてたら何も始まらない。
チャンスを掴めない，運が回ってこない。
しっかりとねばって，前に入って，捕まえて。
今，自分ができること，やってきたことを全部だす。
明日にしっかり気持ち切り替えて，
全力で。どっしりと。絶対に勝つ！！！

profile

「気持ちの部分で負けてる。自分がミス多くてどうするの」と、試合での敗戦を内省し、もう1人の自分が自分に問いかけている。負けをしっかり受け止めた上で、最後には前向きな言葉で締《し》め、新たな「決意」を表明して上手に切り替えている。

女子シングルスのトッププレーヤーとして、世界で活躍する山口茜選手。

——気持ちの面での成長を感じますね。ノートをきっかけに技術力が上がった、チーム力が上がったなど手ごたえを感じたことは？

福本選手■自分自身、上達しているのかわからない部分もあります。でも、ノートに書いたアドバイスの内容を見返したとき、以前はここがよくないってコーチに言われていたけれど、今は褒《ほ》められているようになっているな、と気づく。アドバイスの内容が一段階上がっていると自分自身の成長を感じとることができます。

——そういう効果は結果にも表れていますか？

福本選手■ゲーム練習をしたときは、ノートに結果も書いています。結果というよりも、前回のゲームはこの相手にこの点数で負けていたけど、今日は前回よりも点数が取れたな、とか。例え結果はよくなかったとしても、コーチにアドバイスされた内容はどんどん濃くなっていると、質の向上を感じたことはあります。

——ノートというツールはアナログかもしれませんけど、ご自分のデータベースのようなものですね。

福本選手■昔、よく言われていたのは、考えていること、教えてもらったことは頭に入っているだけでは忘れるということ。自分で書くことで覚えられる、というのを聞いたことがあります。一時期、スマートフォ

ロンドン五輪で女子ダブルスの銀メダルを獲得した垣岩コーチ。

ンのアプリでノートをつけていたんですけど、ただ打ち込むだけだと頭に入らなくて…。自分の手で書き残したほうが頭に入るんです。プレーをしていてノートにこうやって書いていたな、と頭に出てくる。確かにアナログですけど、自分で書いたほうが私は記憶に残りますね。

――同じチームのシングルスプレーヤー・山口茜選手やダブルスプレーヤーの志田千陽・松山奈未ペアから影響を受けたことや言われたことなどはノートに書いていますか？

福本選手■基本的にシングルスの選手とは一緒に練習しませんが、ときどき山口先輩がダブルスに入ってくれて一緒にスパーリングすることがあります。シングルスとダブルスはテクニックが少し異なりますが、そのうえで山口先輩のプレーのこういう球が嫌だったな、というのを覚えて、そのイメージをノートに書き残しておきます。それを後日、真似してやってみるんです。それが意外とダブルスでもうまくいくときもあって新たな発見につながります。

ダブルスの大先輩である志田・松山ペアは、同じコートに立ったときに先輩たちがこんなことに意識しているんだろうな、と考えながらプレーしています。やっぱりひしひしと伝わってくるものがあるので、先輩たちがどういうふうに集中して取り組んでいたのか、それをノートに書いています。

――垣岩（令佳・ロンドンオリンピック女子ダブルス銀メダリスト）コーチから言われた言葉も書かれているのですか？

福本選手■コーチは世界トップの舞台で戦ってきた方です。私は試合のとき、必ず緊張《きんちょう》するので、コーチに「緊張したときはどうしていましたか？」と質問したことがあります。するとコーチから「こういうことを試したよ」とか、プレー面でも「試合前はこの人のプレーを見て勉強したよ」とか、アドバイスをもらえます。やっぱり、オリンピックで銀メダルを獲得した経験もあるから、説得力がある。コーチから言われたことでポイントだなと思った言葉やアドバイスは必ず書いています。

――ジュニアアスリートたちにスポーツノートを書くことはすすめたいですか？

福本選手■すすめたいですね。やっぱり日々の練習で言われたことを忘れてしまうことはありますよね。先生とかコーチから何回も言われて「覚えているの？」と言われるのも嫌です（笑）。だからアドバイスだけでもちょっとメモしておくと、書くことで言われたことを思い出すこともあるので。書けない方は最初、アドバイスだけでも書いておくといいのではないでしょうか。

――最後に今、福本さんが達成したい目標、ノートに書かれているゴールとは何でしょうか？

福本選手■2020年の全日本総合では1回戦を突破することができなかったので、まずは小さい目標からコツコツとクリアしていって国内で結果を残すこと。そしてゆくゆくはB代表に入って世界で戦いたいです。バドミントン界には偉大で尊敬する先輩たちがたくさんいるので、私自身も世界で活躍して憧《あこが》れられる選手になりたい。たくさんの方から愛されて笑顔と元気を与えられるようなプレーヤーになりたいです。

左から小野選手、垣岩コーチ、福本選手。

No. 1/26(火)

Date

体温 AM 35.8　PM 35.8　　体重 AM　PM

＼今年のGOAL／（今のトコ）
・総合で1回戦突破　　・B代表に入る

＼今月のGOAL／
・基礎を身につける

＼今日のMENU／
AM9:00 体操→アップ→ランニング（25秒，22秒，21秒，20秒 各5周）→基本→ノック（前衛）→2対1（打ち分け7分半→つなぎ5分→プッシュ5分）
［ネット16回，プッシュブロック，1点ストップ，プッシュ×2］

PM2:00 体操→ウエイト→鬼ごっこ→乱打→ノック（コース打ち）

＼Diary／
今日は，前トレのrunから頑張った!!
2対1の時に，キツかったけど少しイメージをもって取り組めたからよかった。
コツコツ，少しずつイメージしていこう。明日は半日，がんばろう～!!

＼POINT／
・バック側からの打ち分け→センター，クロスのカット＆クロスクリアー 使い分け
クロスクリアーは，インパクト強く!

＼Today's Happy event／
2020でアディダスの靴がりちゃった 🙂 たのしみー・!
明日は美容院。めちゃたのしみ♡ はやく かみの毛きりたい。

＼What to do tomorrow／
・イメージ力をしっかりもって
・相手の体勢みて，構え方をかえる!!

profile

新年やシーズンインのタイミングで、「今年のGOAL」を掲げるのは効果的。それとは別に、今月の目標や今週の目標などを設定するとなお良い。目標は立てっ放しでは達成できないことが多いので、定期的に確認しつつ、達成が難しいと感じたら修正しても問題ない。

PART3

洗いざらい自分の思ったことをぶちまけるだけが「スポーツノート」ではありません。アスリートとしての目標設定や練習メニューの管理、コンディションの把握など実用的な面も持ち合わせていく必要があります。ターゲットとする大会・試合にベストの心身でのぞむことをテーマにノートづくりを考えてみましょう。

パフォーマンスをピークに持って行くためのノートづくり

POINT 01

アスリートとしての成長に必要な項目をリストアップする

試合でピークに達するためのスケジュールや体調管理

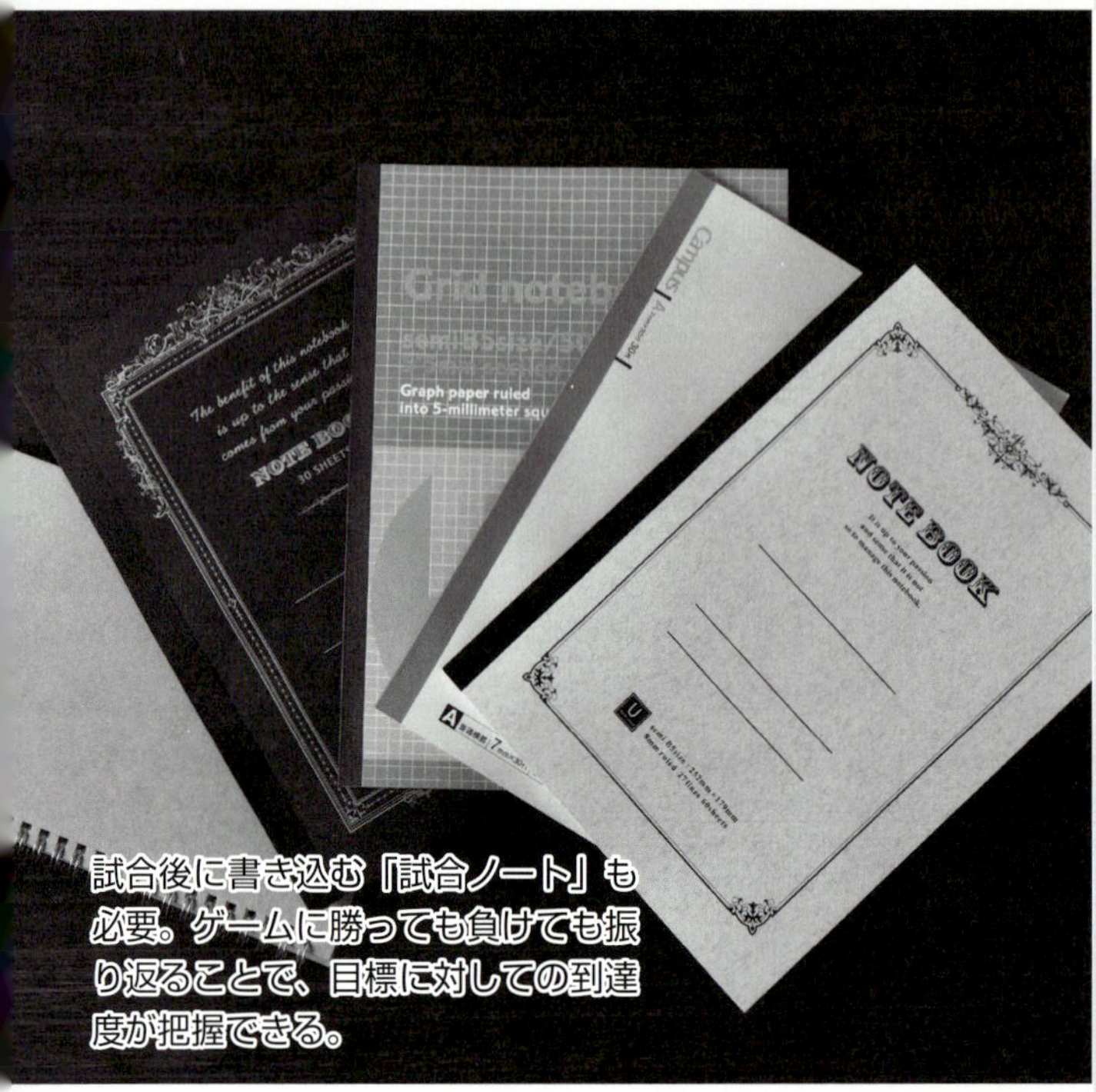

試合後に書き込む「試合ノート」も必要。ゲームに勝っても負けても振り返ることで、目標に対しての到達度が把握できる。

書き込むノートは、罫線《けいせん》があるノートを自由にレイアウトして使用します。書く内容や競技種目によっては、フォーメーションやプレーヤーの動き、フィールド（またはコート）図、スコアや試合経過などを記入する必要があります。

ノートをつけていくモチベーションのひとつが「目標設定」です。これは長期・中期・短期ごとに記入します。その目標に対してどのようなスケジュール、練習に取り組んでいくのか明確にしなければなりません。また、**練習を通じて体調の管理をしていくことも、オーバーワークやケガを防止し、試合でコンディションをピークに持っていくコツです。**

日常的なスケジュールの管理は、オフの日を除いて、トレーニングや練習を中心にまわっていきます。「いつ、どこで、どんなトレーニングをしたのか」、トレーニング成果に対する自己評価や技術スキルの到達度《とうたつど》、新たに気づいた点なども書き込んでいきます。

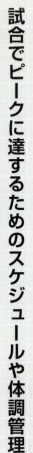

MEMO 1 目標設定

最大のテーマとなる「長期目標」は大きく、長期的スパンに立って書き込む。ハードルの高い目標であっても、実現を裏付ける中短期の目標を立て、一歩でも近づいていく。「中期目標」は1年あるいは1シーズンで意識するテーマ。さらに毎日の練習や週単位・月単位でクリアしていく「短期目標」も併記する。

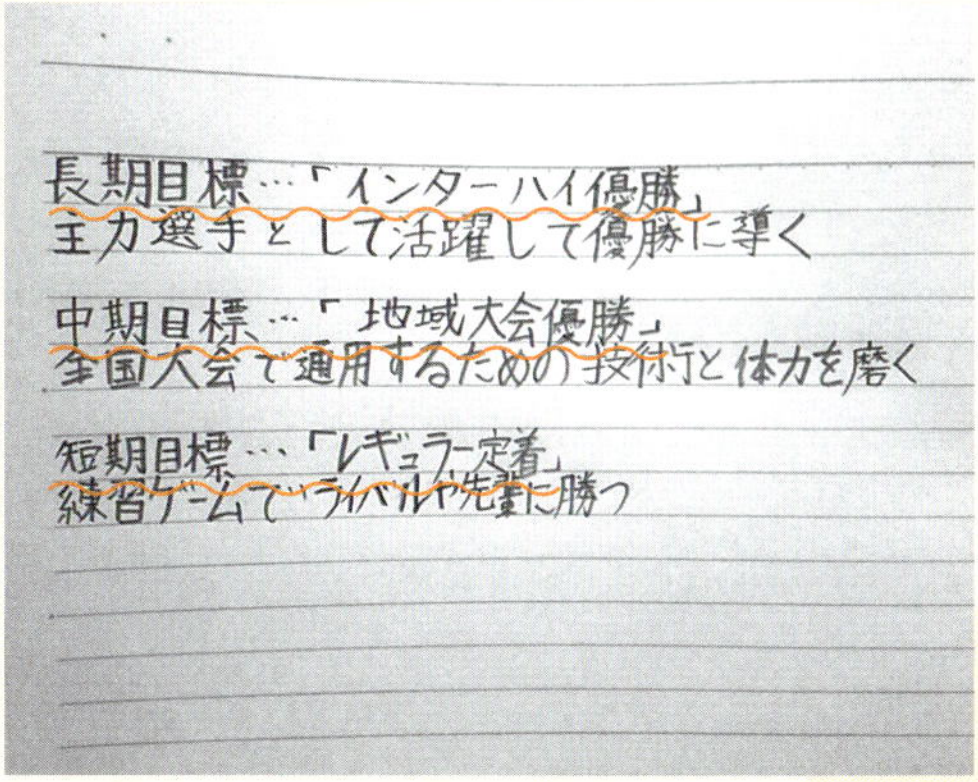
長期目標…「インターハイ優勝」
主力選手として活躍して優勝に導く
中期目標…「地域大会優勝」
全国大会で通用するための技術と体力を磨く
短期目標…「レギュラー定着」
練習ゲームでライバルや先輩に勝つ

MEMO 2 スケジュール

目標達成のためにいつ、どのようなスケジュールで練習していくか、大きな大会や試合にピークをあわせるための逆算した予定を計画する。基本となるのはトレーニングの期分けで「トレーニング期」で体力やテクニックの向上に取り組み、「調整期」でピークを本番に持っていくように整え、「試合期」に入る。

大会本番まで　あと235日

トレーニング期	調整期	試合期 ●大会本番	オフ

MEMO 3 コンディション

日々の体調管理はアスリートにとって大事な要素。体温や脈拍、睡眠時間はもちろん、その日の気温や気候に対して、感じるフィーリングなど併せて記入するとよい。体調に変化があれば、トレーニング量をセーブしたり、練習メニューを見直し、変化は何が原因なのか突き止める。

測定項目	測定時	値の目安	計測の考察
体温	起床時	＋0.5度要注意 ＋1.0度〜体調不良	平熱との比較
脈拍	起床時 練習時	＋5拍程度要注意 ＋10拍〜体調不良	平均値との比較
体重	起床時 練習前後	平均値と比較して 増減に気をつける	平均値との比較
血中酸素飽和度	起床時 練習時	95%以下要注意 パルスオキシメーターで計測	平均値との比較

MEMO 4
練習メニュー

日々の練習で何をどれだけ行ったか、練習メニューの内容や回数、負荷《ふか》などをしっかりノート上で管理する。はじめて実施したトレーニングや複雑なドリルのようなものなら、図解やイラストを入れて次回以降の練習に役立てる。

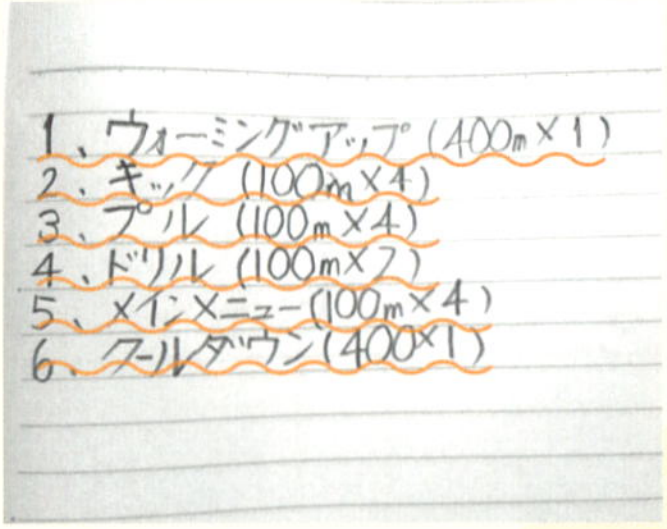

MEMO 5
練習への評価

メニュー内容や回数だけはなく、練習の結果や課題へのクリア度合いを評価することがポイント。技術、体力、努力度、集中度など自由に項目を設けて点数化し、10段階中何点か評価をつけていく。

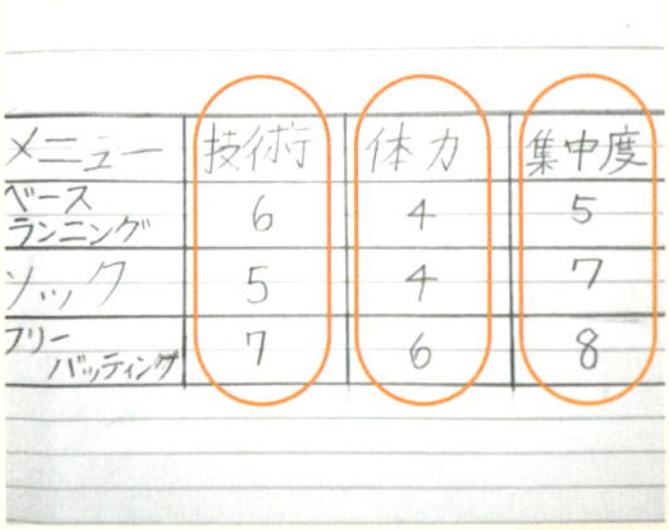

メニュー	技術	体力	集中度
ベースランニング	6	4	5
ノック	5	4	7
フリーバッティング	7	6	8

MEMO 6
課題の点数化

練習での課題や評価点を把握しておくと、ほかの日の練習や実戦で同じような状態・状況に陥《おちい》ったときの評価軸となる。また体調やケガなどの痛みなど点数化しておくと、自分を客観的に判断してくれる資料のひとつとなる。

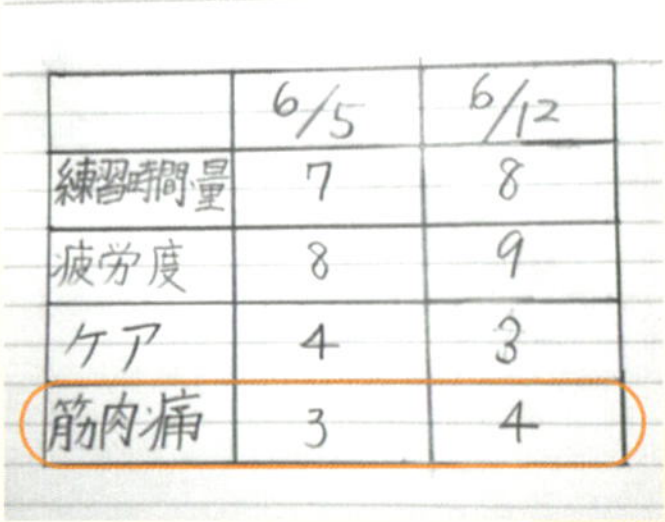

	6/5	6/12
練習時間・量	7	8
疲労度	8	9
ケア	4	3
筋肉痛	3	4

MEMO 7
テクニックの到達度

テクニックやスキルアップの度合いを客観的に把握することも大事。現在はスマートフォンやタブレット端末などで写真や動画の撮影が可能。自分のプレーを撮影し、その映像を見ながら気づいたことをノートに整理し、テクニックの習得度を確認する。

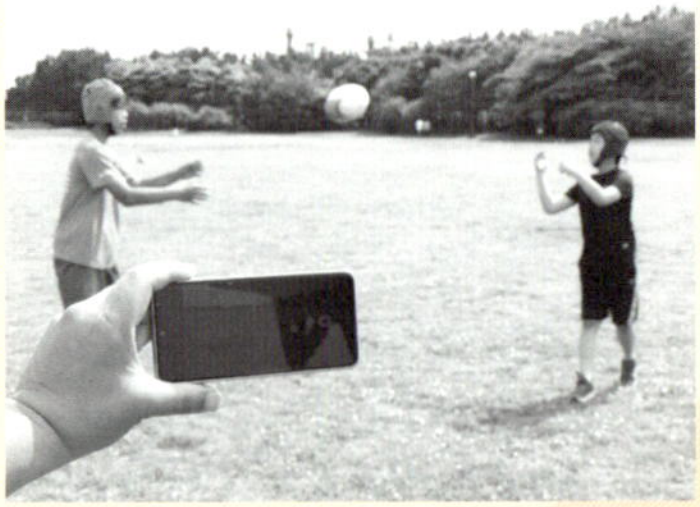

MEMO 8 練習時の気づきや発見

指導者からのアドバイス、自分で感じたフィーリングなども書き入れる。練習で技術を身につけたときは、習得したときのコツや発見、ポイントを克明《こくめい》に書き残しておくことが大切。もしフォームが崩れて混乱したときは、ノートを見返しておさらいする。

MEMO 9 データをまとめる

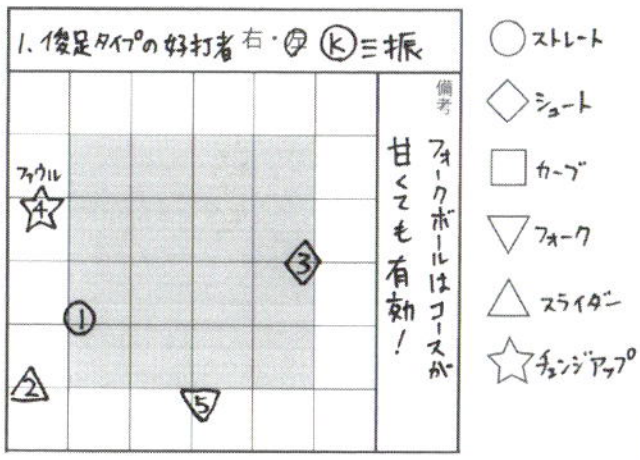

練習や試合のなかで得られたデータをノートにまとめる。野球のピッチャーであれば、打者に対してどんな球を投げたときうまくいったか、あるいはダメであったか配球記録をつける。情報を収集することで、自分の長所や短所、課題が明確になる。

MEMO 10 試合後の反省

試合結果をノートに整理するときは、ゲームの全体的な流れやスコア、自分のプレーがどうだったかをできるだけ詳しく書く。特に負けた試合は、その日のうちに振り返る。試合で生まれた反省点や課題を洗い出すことで、新たな目標として取り組む。

MEMO 11 振り返り

問題点はノートを見たときに、すぐに把握することが重要。試合の流れや感想とは区分けして書く。パッと見てわかるようにポイントを抜き出したり、書き方を工夫し、ノートを振り返って見たときに、課題や問題点からヒントを得る。

POINT 02

振り返りがあってはじめてアスリートとして成長できる

要点をまとめて頭にインプットする

プロテニスプレーヤー
青山修子選手の振り返りノート

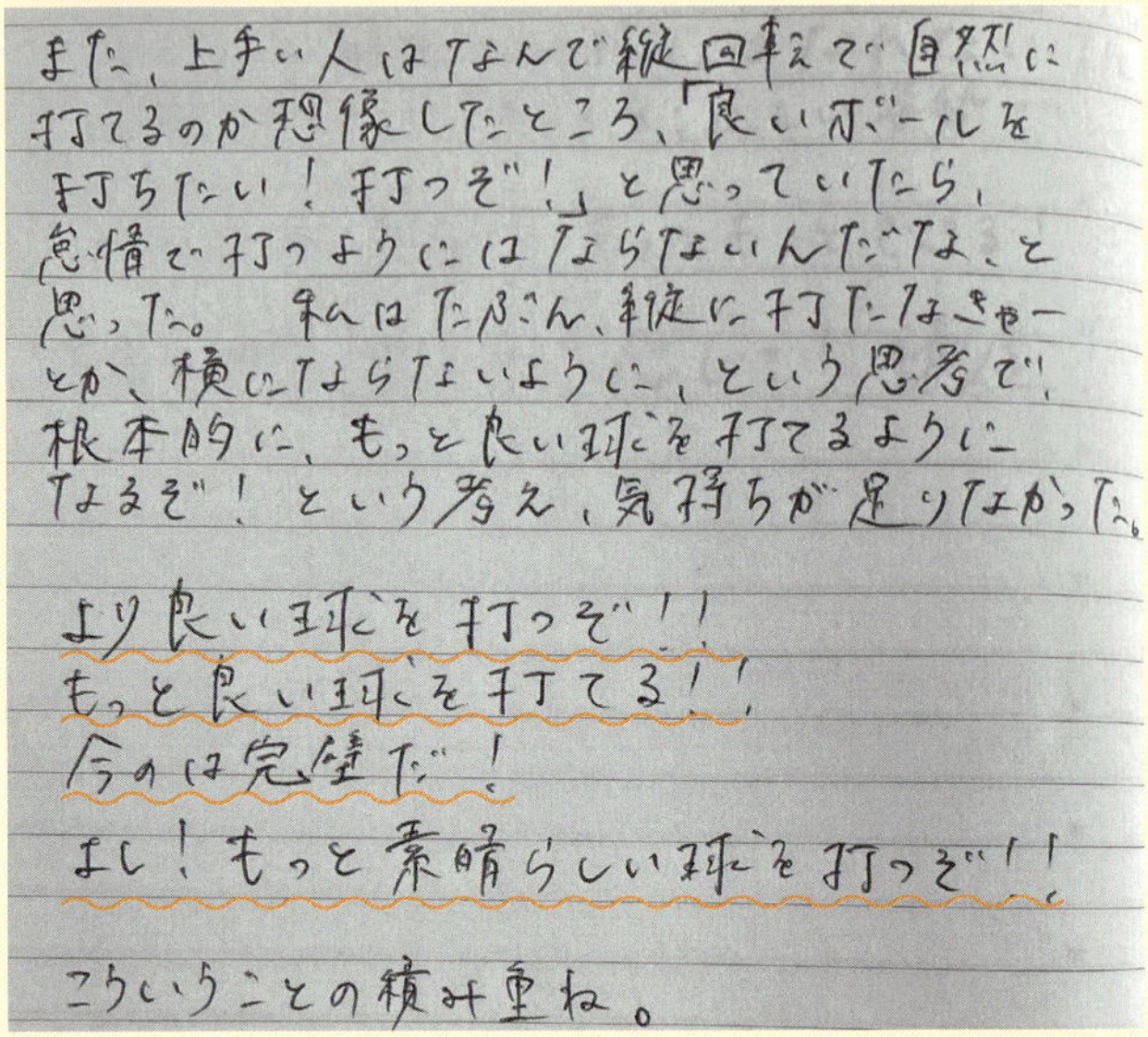

また、上手い人はなんで縦回転で自然に打てるのか想像したところ、「良いボールを打ちたい！打つぞ！」と思っていたら、怠惰で打つようにはならないんだな、と思った。　私はたぶん、縦に打たなきゃーとか、横にならないように、という思考で、根本的に、もっと良い球を打てるようになるぞ！という考え、気持ちが足りなかった。

より良い球を打つぞ！！
もっと良い球を打てる！！
今のは完璧だ！
よし！もっと素晴らしい球を打つぞ！！

こういうことの積み重ね。

ノートは他人に言えないような悩みを打ち明けられる大切な相談相手です。ときにコーチのような存在であるノートに、今の自分がどのような状況で何を考え、どうしたいのか上手に伝えるための工夫を凝らしていくことでノートの質は向上します。

質を上げていくもう一つの手段として、ただ「感想」を書き連ねるのではなく、「ポイント」を抽出していくことが大切です。実用的なページの使い方としては、ノートのページを半分に折って左右（または上下）に分け、練習や試合であれば、左側にはメニューや試合の流れや内容、感想を書き、右側にはその時感じたこと、ポイントやキーワードを書き出していきます。左側の内容は右側だけを見ると、一目でポイントがわかる仕組みです。

自分の頭にしっかりインプットするための原則

■ゲームのポイントの書き方例（卓球）

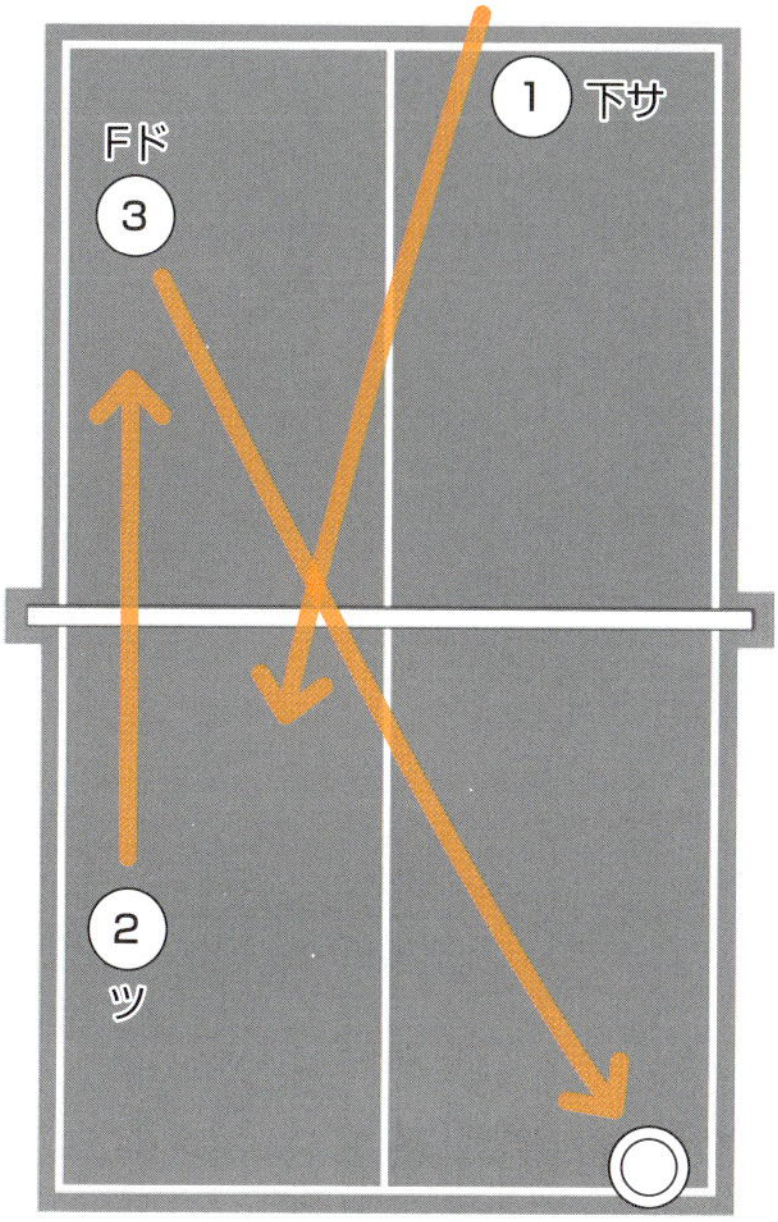

ゲームのポイント経過をメモして振り返る

指導者や練習パートナーに試合のポイント経過をメモにとってもらう。メモは記号化して、コート図に書き込むと良いだろう。左図は三球目のフォアハンドドライブでの得点例。失点の形、得点のパターンを研究することで、試合の傾向が見えてくるはずだ。試合を映像に撮って、多いミスと失点、攻撃した際の得点率などを数値化して分析するのも有効だ。

①下回転サービス
②ツッツキレシーブ
③フォアハンドドライブ
◎ポイント（失点の場合は×）

は、「短く深く」書くことです。喜びも悲しみも短時間で深く考え、すぐに次の課題へ向けて切り替えること。監督やコーチに「書け」と言われたから書くという「やらされ感」やただ「感想」を書き連ねる状態は、ストレスを長く引きずることになり、決していい効果は生まれないでしょう。

また、ノートを「書きっぱなし」の状態にしておくこともよくありません。一度書いたものを読み返すことで、違うものが見えてくることがあるからです。例えば小さいのときに読んだ本を大きくになって読み返すと、同じ本なのにイメージや感想が変わった、という経験はないでしょうか。これは時間を置いたことで、心の受信機が当時とは違うものになるからです。

そのとき、何を感じたか、「深く短く」ノートに抜き出し、書いたものを振り返ることが、気づきや新しい発見につながり、成長につながっていきます。

試合や練習の過程においては、スコアやポイントの経過もメモに取りましょう。帰ってからノートにメモを記録し、その日の内容を思い返して分析。自分の弱点や長所を把握することができ、有益な方法になります。

POINT 03

大きな目標は達成シートを作って小さなところから積み重ねる

モチベーションを維持して目標をクリアする

最初にするべきことは、「目標設定」です。目標を立てるうえで大きなポイントになるのは、「期間」ごとによって目標を書き分けることです。例えば、「中体連優勝」という大きな目標を立てたとしたら、中学校三年間の最大のテーマが「優勝」であり、のぞむべき長期的な目標とします。しかし、そこに到達するまでには、まず所属チームでレギュラーになる、同規模の大会でベスト4に入るなど、中期的なテーマがでてくると思います。それを個別にクリアするためには、さらに短期的テーマが必要で、体力や技術のスキルアップにおいて細かく数値目標を設定していきます。

特に短期テーマは、日々の練習へのモチベーション維持にもつながり、現時点でどこまで到達できたか、確認することがポイント。目標への到達度がわからないと、取り組んでいることへの不安や不信感

ランニング	筋トレ	栄養とスタミナのある食事を摂る	見方の位置を素早く把握する	パスのコントロール強化練習	対面パスも真剣にやる	蹴り足のテイクバック	多様なコースを狙う練習をする	トラップ練習をする
ストレッチ	試合に出続ける体力づくり	睡眠を十分にとる	脚力を鍛える	正確なパスを出す	ボールの止め方	上半身や腕の使い方	シュート力を高める	ファーストタッチを大事にする
体幹トレ	水泳	縄跳び	コース	タイミング	スピード	助走をうまく使う	様々な状況を考える	壁打ち練習をする
スペイン語の勉強をする	英語の勉強をする	日本の文化を勉強する	試合に出続ける体力づくり	正確なパスを出す	シュート力を高める	疑問に思うことは何でも質問	監督の指示の意味を考える	たくさん一流の試合を観る
海外の友達をつくる	国際性を身につける	日本の歴史を勉強する	国際性を身につける	**バルセロナ入団**	戦術眼を養う	自分たちの試合を動画でチェック	戦術眼を養う	戦術についての本を読む
海外遠征に参加してみる	海外で成功した選手の本を読む	YouTubeでスペインの情報を知る	人間性を高める	メンタルを強くする	人気のある選手になる	試合を意識して練習に取り組む	試合データをノートにつける	ふりかえりでノートを読む
挨拶をきちんとする	家族を大切にする	友達を信じて大事にする	ポジティブ思考でいる	目標を明確にする	気持ちの浮き沈みに気をつける	表現力を高める	取材でうまく話せるようにする	インスタ等で発信する
何かをしてもらったらすぐに御礼	人間性を高める	掃除をする	向上心を常に忘れない	メンタルを強くする	負けたときこそ冷静になる	人気選手の言動や行動をチェック	人気のある選手になる	感動した言葉をメモする
感謝の気持ちを忘れずにいる	道具を大事にする	身の回りを整理整頓	チーム内の結束を強くする	まえわりに流されない	メンタル強化の本を読む	活躍した選手の本を読む	人の話をよく聞く	様々な事に興味や関心を持つ

上図は目標達成のために記載するマンダラチャート（シート）のサンプル。中心に自分の目標、そのまわりの８マスに目標達成への必要項目を書く。８つの項目を実現するための具体的な事項を外側のマスを使って記す。様々な角度からアイディアを出し視覚化することで、目標達成への意識が明確になる。

が募《つの》り、自然にモチベーションは低下してしまいます。

モチベーションを維持するためにも、期間ごとの目標設定とそれにおける到達度をシートで管理することが鍵を握ります。

中期的なテーマにおいては、「まとめ」という形で自分の成長度合いを評価し、ノートに書き込んでおきましょう。後でノートを読み返したときに、そのとき考えていたことや自分がたどった道筋がわかり、迷ったときのヒントや新たなチャレンジにつながっていきます。

パワーフレーズで自分を奮い立たせる

どうしてもモチベーションがなかなか上がっていかないときは、自分が奮い立つような言葉をノートに書いていくこともおすすめ。「苦しいとき」「もうだめだ」と思ったときなど、「絶対できる」「諦めるな」といったその時々の自分に合った言葉を見つけて、キーワードとして書き込んでみる。

MEMO 1

勝敗や勝つことだけに主眼を置かない

最大の目標やテーマは、確かに「目指すべきもの」ではあるが、結果がすべてではない。目標とする最後の試合に敗れたとき、そこで何を感じ、次にどのような行動に移せるかが重要。「勝つこと」だけが最大のテーマではない。

MEMO 2

先の自分を見越して具体的な数値を掲げる

短期的なテーマは、より具体的に数値目標を立てる。その数値をクリアしたとき、自分がアスリートとしてどのように進化できるのか、その先の自分も見越してトレーニングメニューを組んでいくことも大切だ。

POINT 04

気候や体調を記録し調子の波を把握する

コンディションや調子の変化に敏感になる

1日のことをノートに書くときは、練習メニューや感想だけではなく、その日の気候や自分の体調をできる限り記録しておきましょう。具体的な項目としては、「天候や気温、湿度」「体温、脈拍、血圧、睡眠時間、食事」などです。女性であれば生理の周期もつけておくとよいでしょう。

それと併記するように、その日の自分のコンディションやフィーリングがどうだったのかを書き入れていきます。このように記録を残しておくことで、気候や体調によってのコンディションの傾向や自分の調子の波が見えてきます。

調子の波には、周期があると言われています。1日ごとで調子が変わってくる選手もいれば、1週間、1ヵ月で変わる選手もいるでしょう。長期的な周期では1年、4年のスパンがあるという選手もいます。長期に渡って日々のコンディションをノートにつけ

体温や脈拍測定等、自分の身体の状態をチェックすると、少しずつ身体の具合や調子の変化に気がつくようになる。自分の身体に向き合い、コンディションを把握すれば、体調コントロールがしやすくなり、最高のパフォーマンスが発揮できる。

ておくことで、自身の波を把握し、大事な試合にピークをあわせるよう努力します。

また、生理的な指標をチェックしていくことで、自分自身の身体を知ることはもちろん、身体のメカニズムに興味を持つことになります。いま自分の身体に何が起こっているのか、より詳しく意識することで、ケガの早期発見やオーバートレーニングを防止することにつながります。

体調の良し悪しが必ずしも結果につながるわけではない

陸上短距離走において10秒00で当時の100m日本記録を出した伊東浩司選手は、レース当日、体調不良だったという。コンディションの良し悪しが必ずしも結果につながるわけではないが、コンディションを把握しているからこそ、ロスの少ない理想の走りができた好例といえる。

MEMO 1

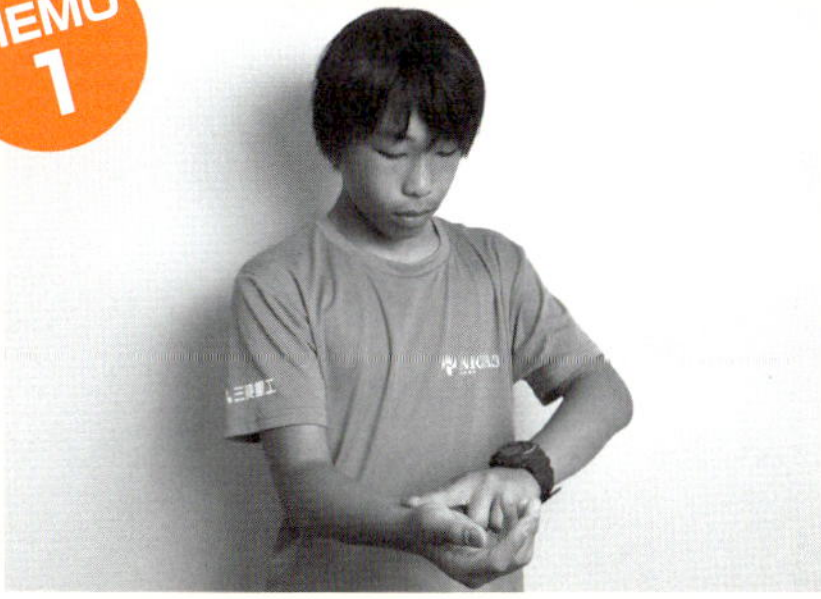

大事な試合前の身体の変化に気づく

試合が近づくと、アスリートによっては「睡眠が浅くなる」「脈拍数があがる」「体温があがる」などの変化がある。これらの兆候をチェックすることで、知らず知らずに緊張している自分を把握できる。試合に入ってから緊張に気づいては手遅れ。

MEMO 2

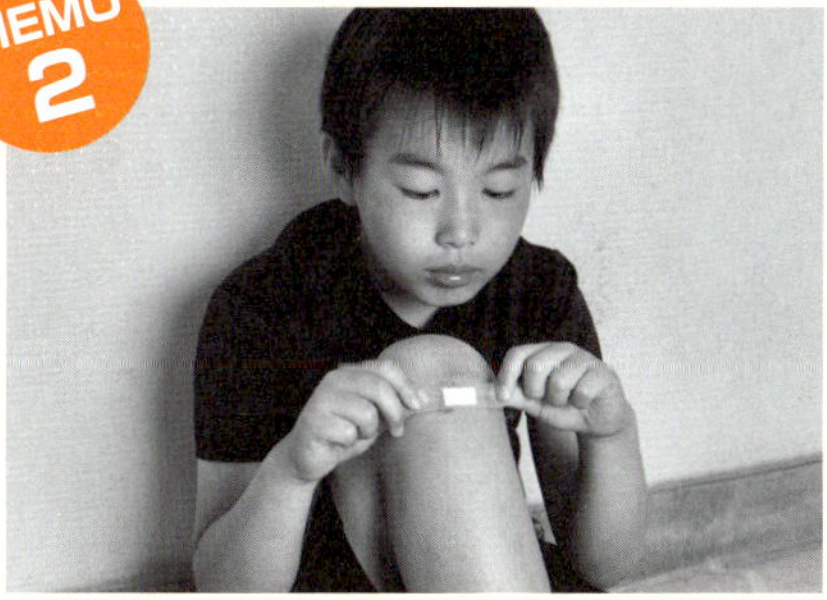

ケガをしたら原因をノートから探る

仮にケガをしてしまっても、しっかりと原因を究明する。ウォーミングアップが不足していた、練習に集中していなかったなど、理由があるはずだ。それをノートに書きとめ、以降のケガを防止し、ケガが治った後は、ケガをしない、バージョンアップした身体を手に入れる。

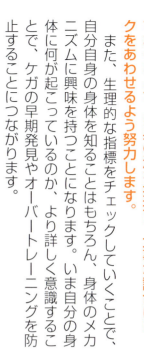

POINT 05

練習評価を数値化し10段階で評価する

練習メニューやトレーニング内容を整理する

練習やトレーニングのスケジュールをノートで管理するときは、日付や時間軸だけ書くのではなく、より実務的なノートにするために練習メニューに対しての自己評価を書き込んでいきましょう。

例えば、「技術」、「体力」、「集中力」、「努力度」など、競技や種目、取り組んでいる課題ごとに項目を設定します。その日の自分はどうだったか？ それぞれ項目ごとに10段階で点数化し、気になった点などをメモしておくとよいでしょう。

このように自分を客観的に評価することで、各項目に基準が生まれ、それが評価軸となります。

例えば筋肉痛など身体に痛みが出た場合、10段階中「7」だったとします。次に同じような痛みが出たとき、そのときの痛みは「3」程度だった。この数値を参考にすることで、身体のメンテナンスや練習メニューの調整を図ることができます。ページ上

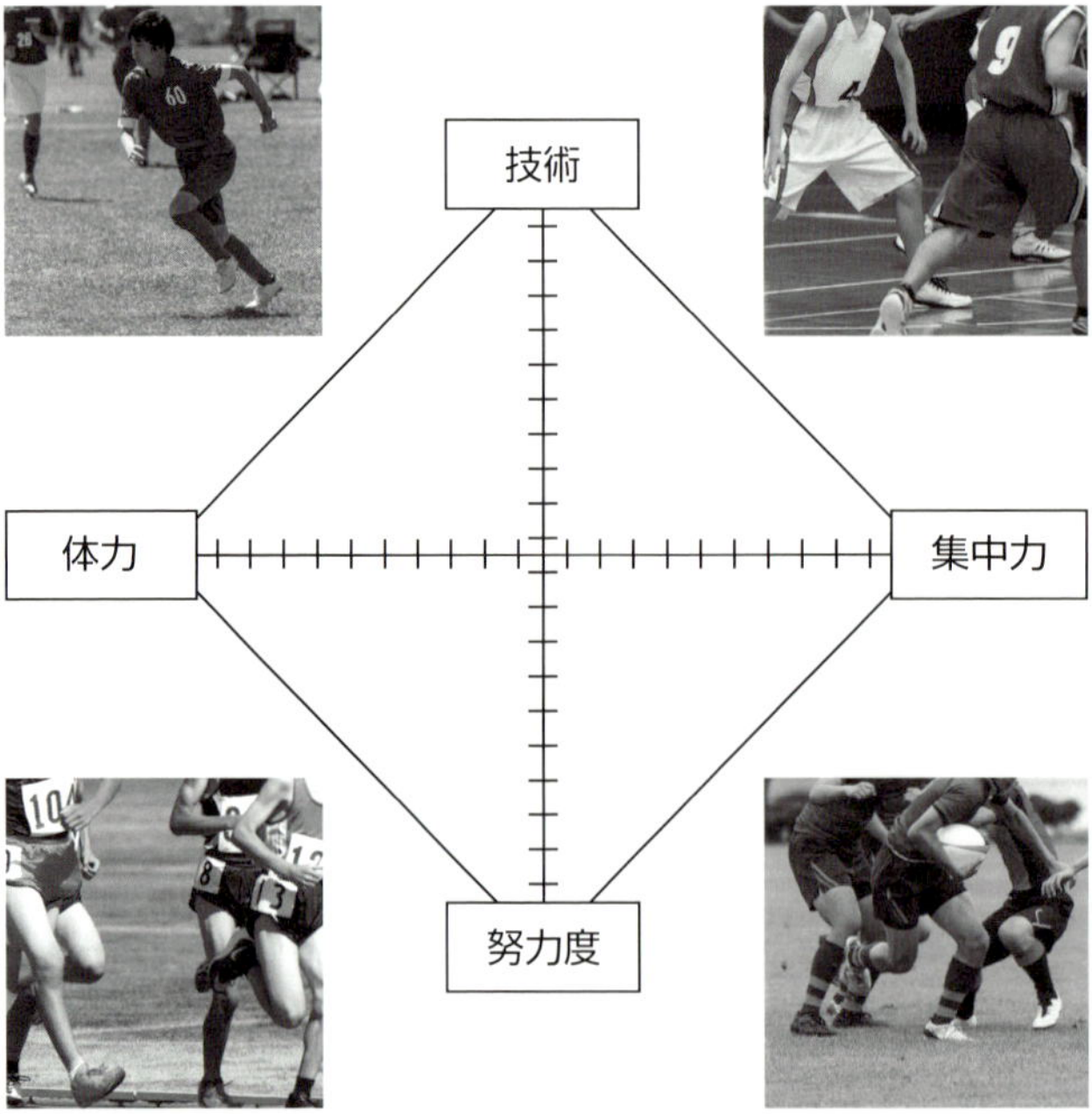

で「点数欄」を設けて、一目でわかるようにしておくと、自分を客観的に判断できる資料のひとつとなるでしょう。

また文字だけでノートを整理するのではなく、頭の中でイメージが浮かんでくるならば、図やイラストなどでポイントを整理してもよいでしょう。

スマートフォンで撮影した写真・動画なども、自分を正確にチェックできる大切な資料です。ただの感想だけではなく、写真や映像を見ながら気づいたことを整理し点数化し、自己評価をベースにした指標をもとにスキルを高めていくことができます。

練習での心技体を数値化して評価する

最高のパフォーマンスを発揮するためには心技体のバランスがとれていることが重要である。そのためにトップアスリートは、日々、心技体の状態を数値化したデータを活用していることが知られている。それは、オリンピック選手ならば４年に一度しかないビッグチャンスを逃さないための緻密《ちみつ》な戦略とも言える。

MEMO 1

イラストや図解を使ってイメージを表現する

プレー中の動作のポイントや難しいフォーメーションの動きは、イラストや図解を使って表現する。そうすることで、頭のなかを整理しつつ、次の練習機会に正しい意識で取り組むことができる。正しい動作がイメージできていないと、イラストを描くことも難しい。

MEMO 2

映像を使って詳しく分析する

スマートフォンやタブレット端末での写真・動画は、プレーの動作を正確にチェックできる手段。データは端末に保存しつつ、気づいた点などはノートに書き入れていく。活躍したか、しないかではなく、プレー内容にしっかりフォーカスする。

POINT 06

冷静に振り返りをしてリベンジの機会に活かす

コンディションや調子の変化をキャッチする

過去の自分と向き合うことは、非常に大切な作業です。敗戦を次に活かすためのヒントを見つけるため、試合の振り返りは欠かせません。しかし思うようなプレーができず、負けたことにストレスを感じている試合直後は、どうしても感情的になってしまいます。このように気持ちのコントロールは、トップアスリートでも簡単なことではありません。

ノートを書くときは、いかに冷静さを保てているかがポイントです。**自分を見つめ直すときは、心の中に余白を持つことが大事。そんなときこそ、ノートを活用して負けた原因、自分の行動や心情を振り返り、客観視的に分析する作業が重要になります。**

課題克服への足掛かりとなる「振り返り」において、あるトッププロゴルファーの実話です。スポンサー企業が協賛する試合で残念ながら予選落ちしたために、ホストプロとしてテレビ放送のゲスト解説

試合後、冷静に自分のプレーを振り返ることは難しい。しかし、毎回繰り返し行うことによって、客観的思考が少しずつ身につく。

者として出演することになりました。当初は、大切な試合で予選落ちしたことで落胆し、とても解説などできる精神状態ではないと思っていたようです。しかし、他の選手のプレーを解説するうち、自分自身のプレーを冷静に振り返ることにつながり、その翌週では見事優勝した、という話です。

他の競技でも、負けた試合後のインタビューで、選手がメディアの質問に答えていくうちに、思考が整理されて次の試合で好成績につながったという例もあります。冷静な振り返りの大切さがわかります。

ゲーム中のイライラを引きずることは成長を阻害する

ゲーム中にラケットを折ったり、道具を投げたり、プロスポーツでこのようなシーンをしばしば見かける。チームメイトのプレーや相手選手の態度、審判の判定などに負けた原因を転嫁《てんか》することは、プレーヤーとして、人としての成長につながらない。試合が終わったら切り替える。

MEMO 1

冷静になって振り返られるタイミングで書く

試合直後は、負けた悔しさから正確な振り返りが難しい。ゲームを終えた日の夜、冷静になって振り返ったとき、はじめてペンを持ち、ノートを開いてみるとよいだろう。試合直後は、どんなトップアスリートであっても、メンタルをコントロールしにくい。

MEMO 2

敗戦から目を背けない

個人競技などのトーナメントでは、自分を破った相手が勝ち進んでも、次の試合で負けてしまうことがある。自分に勝った相手が、どのようにして負けたのか参考にしつつ、浮き彫りとなった課題にすばやく取り組むのも方法のひとつ。負けたところからの再スタートが大事。

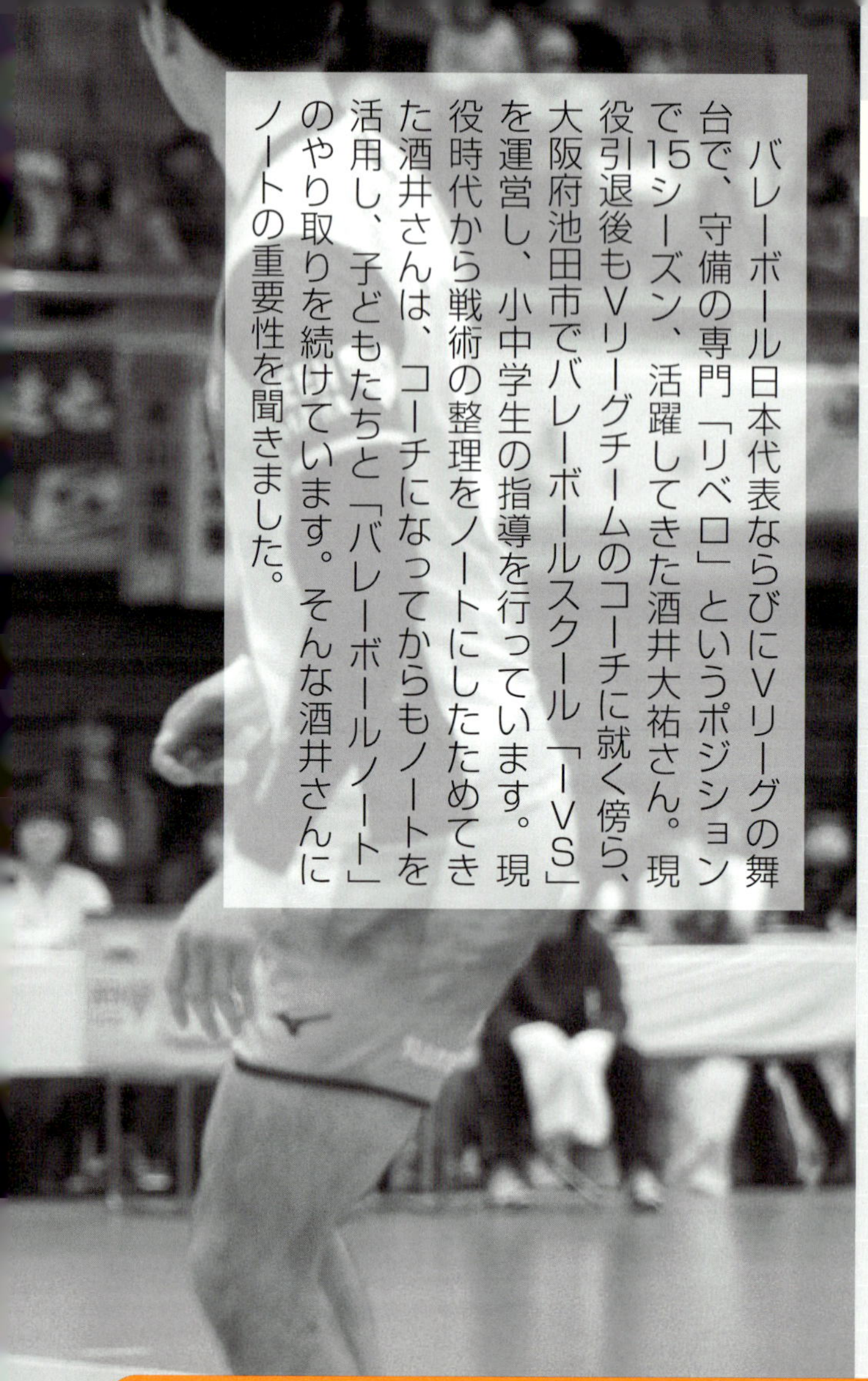

POINT 07

ノートに書いたことを頭にインプットして活かす

ノート拝見③バレーボール元日本代表　酒井大祐

バレーボール日本代表ならびにVリーグの舞台で、守備の専門「リベロ」というポジションで15シーズン、活躍してきた酒井大祐さん。現役引退後もVリーグチームのコーチに就く傍ら、大阪府池田市でバレーボールスクール「IVS」を運営し、小中学生の指導を行っています。現役時代から戦術の整理をノートにしたためてきた酒井さんは、コーチになってからもノートを活用し、子どもたちと「バレーボールノート」のやり取りを続けています。そんな酒井さんにノートの重要性を聞きました。

Profile **酒井大祐（さかいだいすけ）**

元全日本男子バレーボール選手。福島県原町市（現・南相馬市）出身。小学２年からバレーボールを始め、相馬高、東海大学に進学。大学１年からリベロへ転向した。卒業後はＪＴサンダーズに入団し、2004年ユニバーシアード代表、2010年世界選手権、2015年ワールドカップで全日本の守護神として活躍。その後、サントリーサンバーズに入団。長期活躍選手としてVリーグ栄誉賞、ベストリベロ賞、サーブレシーブ賞を受賞。2018年選手引退後は、指導者として選手の育成に取り組んでいる。

SUNTORY
19
pepsi

――長い現役生活の中でノートをつけはじめたのは、いつ頃からでしょうか？

酒井コーチ■学生のときはノートはつけていませんでした。大学を卒業してプロになったVリーグ2年目あたりからですね。きっかけは仲よくさせてもらっていた先輩が、対戦する相手チームの分析をノートに書いていることを知ったからです。

その先輩のポジションはミドルブロッカー、自分のポジションはリベロ。バレーボールのディフェンスは、ブロックとディグの前後の連携《れんけい》が重要です。相手チームのアタッカーに対して「こう跳ぶよ」「前はこうだったけど次はこう跳ぶよ」など、ブロックの跳び方を含めブロッカーから試合で言われたことを書いていました。あとはサーブレシーブを成功させるために、相手のサーバーのコースや球威、監督からもらったアドバイスも書いていました。

――最初に書いていた内容は、戦術、戦略に関わる部分だったのですね。ノートに書いたことを実際にどのように役立てていたのですか？

酒井コーチ■一番は、試合の中でやらなければいけないことを忘れないためです。頭の中にしっか

profile

バレーボールのトップチームでは、情報分析担当のアナリストが対戦相手の情報をまとめるのが主流だが、それをノートに書き出すことで理解が深まり、実戦での有用性が高まる。情報はインプットだけではなく、アウトプットすることで自分のものにできる。

りインプットすること。頭の中を整理して、優先順位を明確にする。Vリーグでは同じ相手と何度も対戦します。試合でよかった点や悪かった点、反省も書いておいて、その試合で自分がどんなことをしていたかを見返していました。1ページに1試合分、上から順に「相手チームの予想スタメン」や「ローテーション」を書く。選手ごと、ローテーションごとのサーブとスパイクの種類、コースの特徴を図や言葉で書いていました。ページの最後には試合の反省を書いていました。

――試合でやることをノートのうえで整理するという作業は、自分のパフォーマンスや結果にどのように現れましたか？

酒井コーチ■相手のスパイクコースや癖《くせ》がアバウトな状態ではなく、より明確になります。とくに若い頃は、相手チームに主導権を握られてしまうと、なかなか試合中に修正することができませんでした。それでも試合経験を積み重ね相手のパターンを蓄積《ちくせき》していくと、自分自身のプレーも修正できる確率が高くなっていきました。ノートをつけていたことでたくさん優勝できたとか結果につながったかはわかりませんが（笑）、ノートをつける

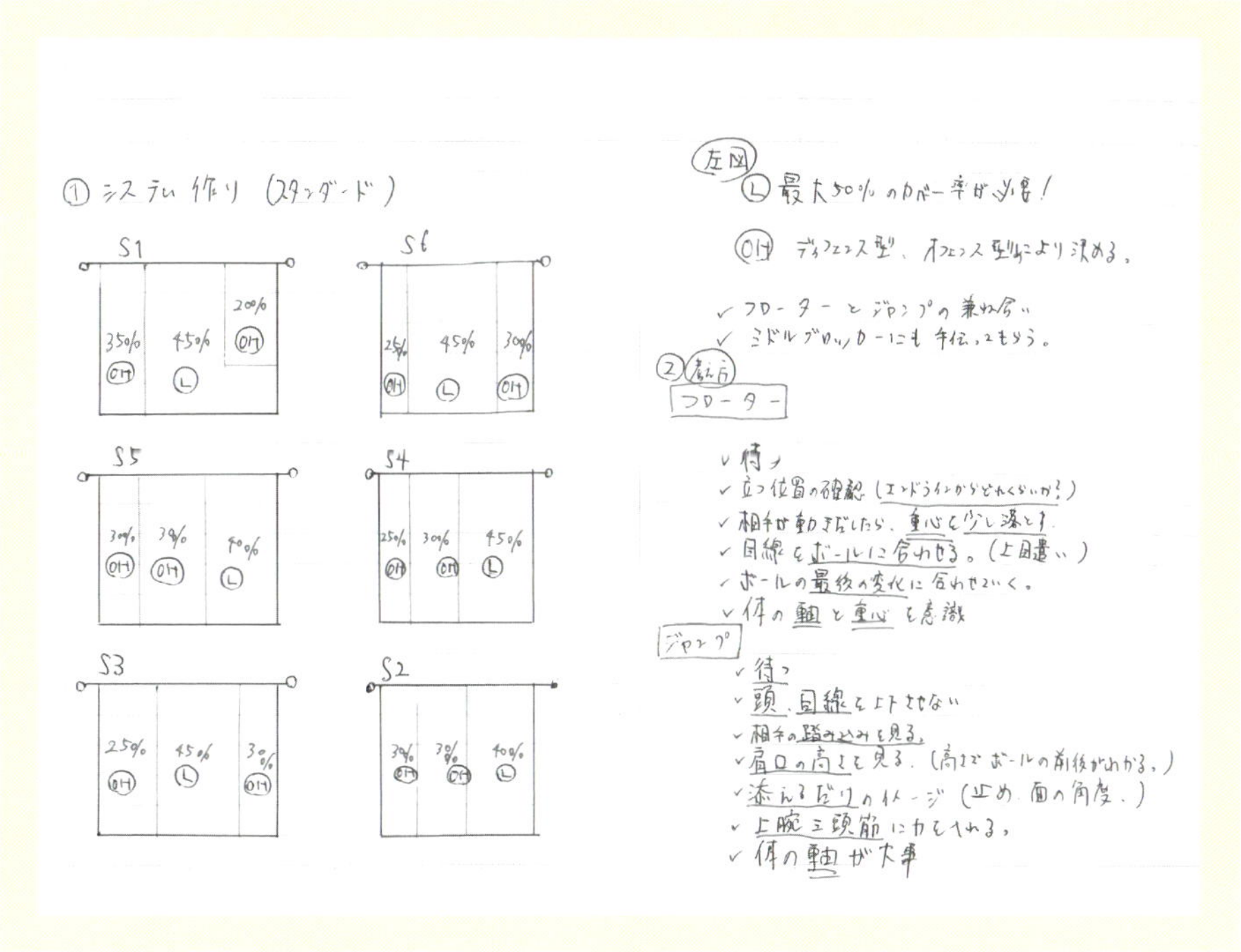

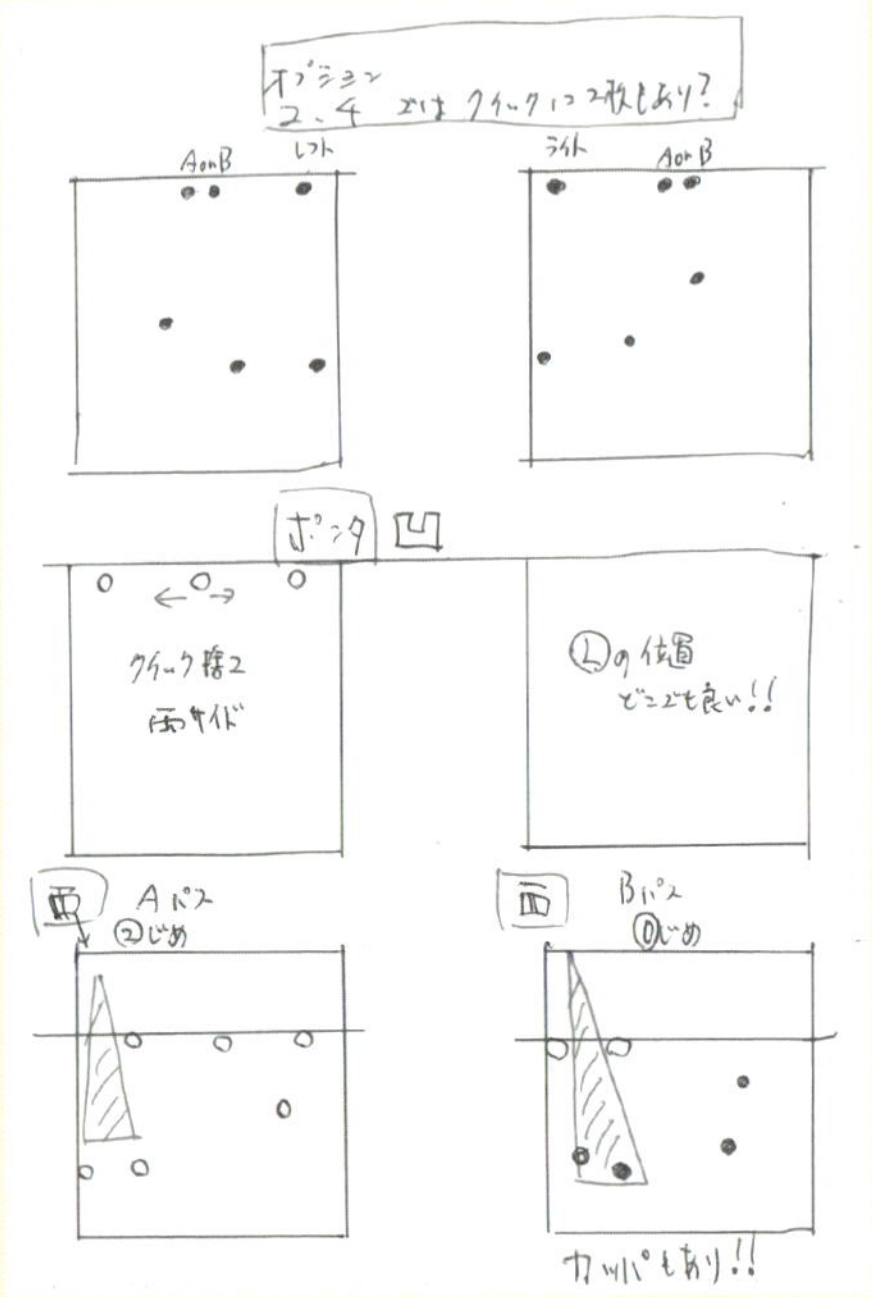

profile

バレーボールのようにチームメイトとの連携が重視される競技では、自分やチームメイト、あるいは予測される相手の動きをイラストで描くと整理しやすい。戦術を書く場合は、チームメイトに見せることも想定しておきたい。情報を分析する力もメンタルの要素である。

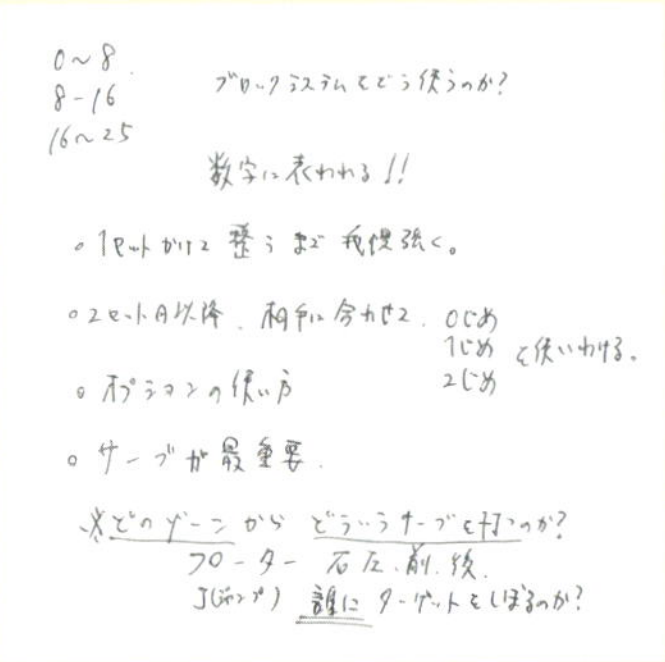

ことで理解するスピードは速くなる。だから試合ノートはずっとつけていましたね。

――チームで共有されるデータもあると思いますが、それ以外で自分なりの分析を行っていたということですね。

酒井コーチ■今はスカウティング技術が発達し、分析するアナリストもチームに1人は帯同《たいどう》するのが当たり前の時代です。アナリストは試合のデータを事細かにパソコンに打ちこんでいくので、選手が試合中や試合後に知りたいと思うデータがすぐに出てきてチーム全員での共有が可能です。

自分がノートを書いていた2000年代前半は、パソコンでデータ分析しているチームはほんの僅《わず》か。自分がいた当時のチームは液晶のテレビを持ち歩いて、そこにビデオカメラをつないで、チーム全員で試合を振り返るという時代でした。試合前日にチームで共有するデータも、紙1枚にまとまっていたものだけでした。相手アタッカーの数字的なデータも書いてありそれは間違いではないけれど、それだけを信用しない。状況によってコースも変わるしフェイントもある。紙だけではわからない相手のスパイカーの癖《くせ》や特徴をノートに書

いていました。

――現役を引退されて現在はコーチをされていますが、コーチになってからもノートを書かれているとか。今はどんなことを書かれているのでしょうか？

酒井コーチ■コーチになったばかりの駆《か》け出しの頃は、自分の持っている「コーチングの引き出し」はありませんでした。だから指導に関する本や資料をたくさん読みましたし、それを読んだままにしない。重要だと思った項目は自分なりにノートにまとめていました。

今は練習メニューを書くことが多いですね。外国人コーチが帯同しているチームでは、新しいメニューが導入されると必ず自分のノートに書いていました。あとはコーチとして自分がやること、選手と個人でミーティングしたときに選手が話したことを書いています。

人間の記憶って自分が思っているよりも、想定以上に曖昧《あいまい》で頼りないもの（笑）。だから、単純に大事なことは目に止まるように強調するように書く。とくに練習メニューに関しては、選手たちに目的や意識してほしいところは赤字で書いています。何をするにしても、何を意識するかが大切なのです。

――ノートの他に使うツールはありますか？

酒井コーチ■試合の中で戦術面において選手たちに共有してほしいことがあるときは、パソコンやSNSを使っています。アナリストからもらったデータを参考にして選手たちが意識するポイントをPDF化してLINEで選手に送っています。

バレーボールは、一見スパイクやレシーブなど個人の技が光る競技ですが、6人の連携が得点につながっているチームスポーツです。例えば、ブロック。ブロックの確率を上げるためにはサーバーがどこにどんなサーブを打つのか、ブロッカーが把握しておく必要があります。ブロッカーが闇雲《やみくも》に動いてしまうと、レシーバーは相手の攻撃の的を絞《しぼ》ることができないからです。ひとつひとつのプレーの効果を上げるには、チームの共通認識が大切。選手たちの狙いが明確になることでチームとして動きやすくなる。文字化での共有はそのためのツールです。共通認識がなかったら、ただやっているだけ（笑）。忘れてしまうと、それは戦術が身体に染み込んでいないし、試合中ずっと手探り状態になってしまいます。

――文字にするという作業が、チーム全体でより深いインプットにつながるということですね。今ジュニアチームのコーチも兼任されていて、子どもたちは「バレーノート」をつけているそうですね。

酒井コーチ■元々自分もノートをつけていたので、後で見返せるというのがノートの一番良いところではないでしょうか。例えば小学校から中学校へ、中学校から高校へ進学したとき。ノートを見ながら過去を振り返ってみて、自分はこういうことができるようになったんだって成長をかみしめることができるし、その気づきが新たな成長につながりますから。

――どのような取り組み方でノートを書いているのでしょうか？

酒井コーチ■クラブは小学1年から6年、中学1年から3年の2クラスあります。全員にバレーノートを持たせています。書き方は自由。何を書いてもいいし、コーチへ提出するタイミングや回数も自由です（笑）。そうすると毎日書いている子、たまに書く子、めったに書かない子と分かれてしまうのですが、基本的にそこも子どもたちが選択で

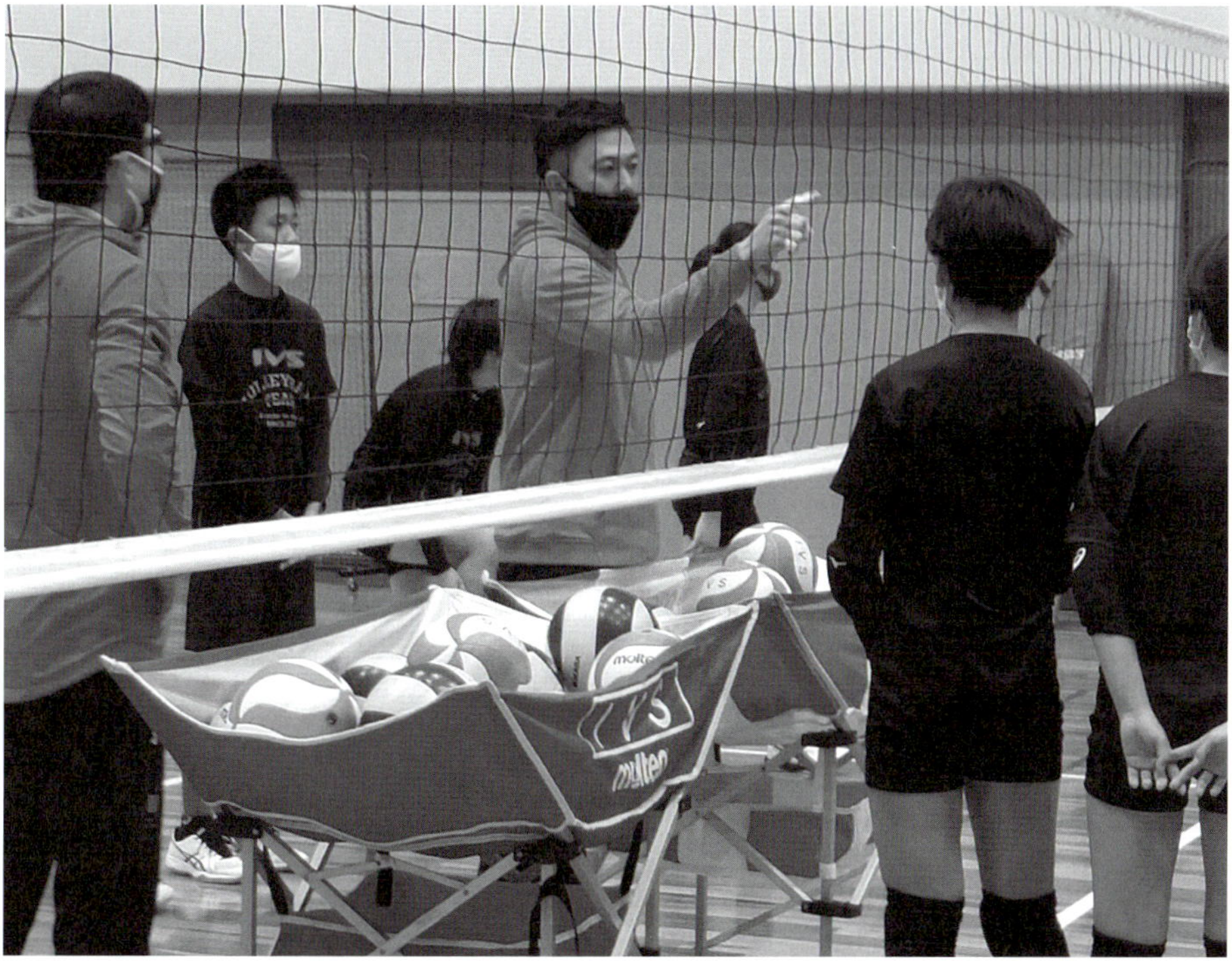

酒井大祐さんがコーチをつとめる
IVSでは選手個人にバレーボール
ノートを配布している。

きるスタンスですね。1年に1回提出することだけ、決めています。

――具体的に子どもたちはどのようなことを書いているのでしょうか？

酒井コーチ■書く内容も自由ですが、「練習できたことを書いたら？」と最初に薦《すす》めます。例えば、「全力で走れた」「コーチの強いボールをたくさんレシーブした」「緊張感を持ってサーブを打てた」とか。もちろんできないことも書いてもいいのですが、「できたことが多く書いてあったほうが楽しくなるよ」と（笑）。コーチに対して質問してくる子どももいます。「サーブを右方向に打つとアウトになります。どうしたらいいですか？」。質問の答えを書いていくときに、「できること」を前提《ぜんてい》に赤ペンを使って答えを書いていきます。

――ノートに書くことで楽しい気持ちが増幅して、それがプレーにもつながっていくということですね。

酒井コーチ■練習したことができなかったり、覚えられなかったり、忘れてしまったとしても、ノートをつけて読み返すことで再び成長するチャンスが巡ってきます。頻繁《ひんぱん》にノートを提出する子どもたちは、ポジティブな思考を持っているように感じます。質問も具体的ですし、日々の練習で考えながらプレーしているという証《あかし》だと思いますね。

――読み返すことが学びや気づきに直結するわけですね。ちなみに酒井さんの現役時代のノートは保管してあるのでしょうか？

酒井コーチ■現役時代のノートは試合の戦術をメインに書いていたので、所属チームが変わったときにそのチームで書いていたノートは捨ててしまいました（笑）。コーチになってからつけているノートは、コーチを続けている限り、捨てません。今後、バレーボール教室をするときに必要になりますし、未来への大切な財産ですから！ 最近思うことは、図などは自分の手でノートに書く方が圧倒的に速い。でも文章はパソコンやスマートフォンで文字を打ったほうが速いと思うときがあります。ただ、パソコンはデータとして保存するため、何かの拍子で消えてなくなる可能性もあるので保存に注意が必要。そういう意味ではノートは保管しやすい。その辺りは使い分けていきたいと思います。

POINT 08

最初は難しくても慣れていくうちにスラスラ書けるように

ジュニアアスリート　ノート拝見

日々スポーツに打ち込みながらノートを活用しているジュニアアスリートたちのノートはどんな内容でしょうか。ここで登場してくれるのは、大阪府池田市のバレーボールスクール「IVS」の中学生の部で活動していた小西杏実さんと大崎夏生さん。同チームでは選手個人にバレーボールノートを配布しています。

選手は好きな時に好きな内容を書き込み、好きなタイミングでノートを提出することになっています。「最初は書くことを整理するのが難しかったけれど、だんだん慣れてスラスラ書けるようになりました」と話す2人。高校でもバレーボールの強豪校へ進学することになり、「これからもノートを書き続けます」と口を揃えます。実際ノートにどんなことを書いているのか拝見していきましょう。

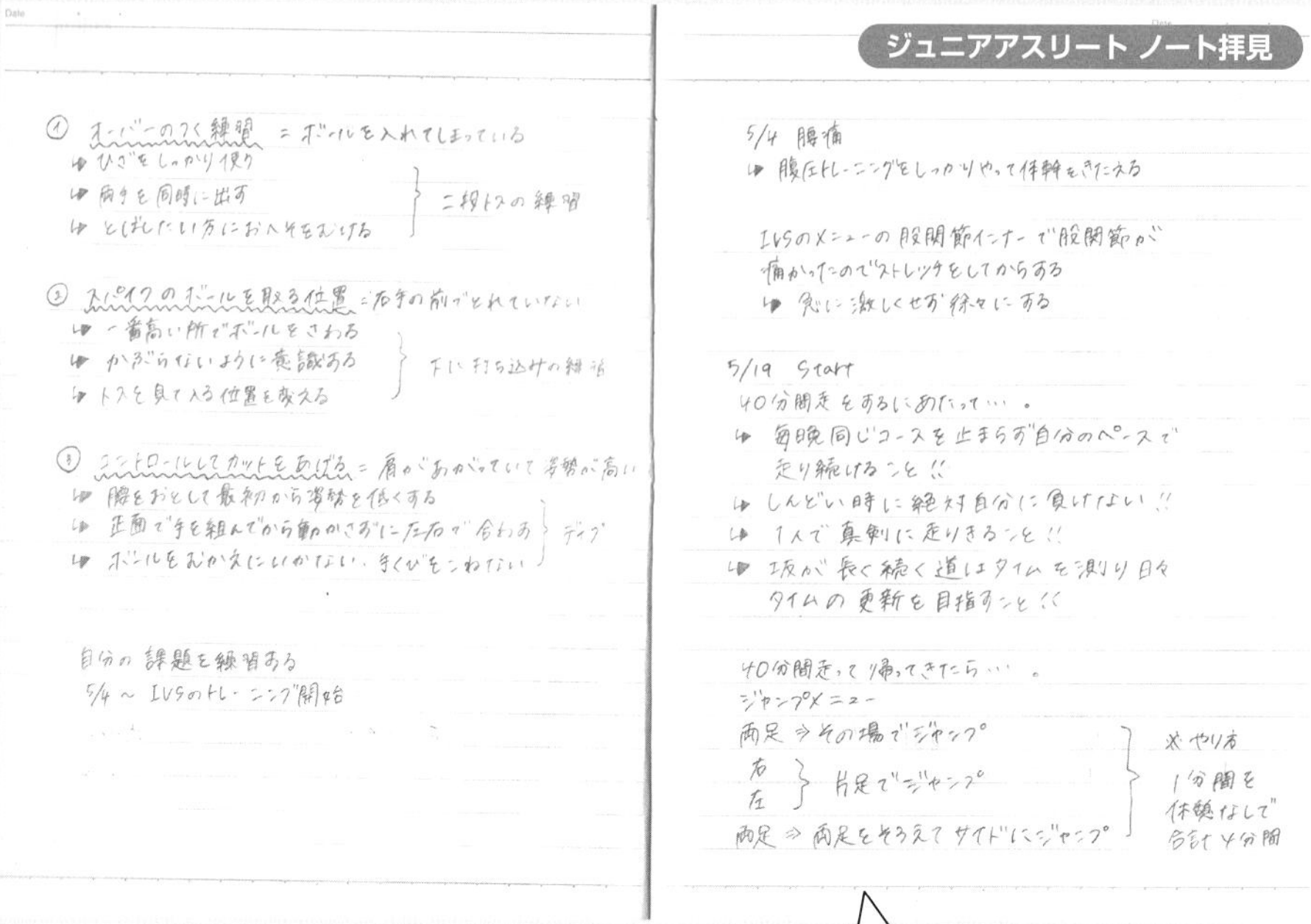
① オーバーのつく練習 = ボールを入れてしまっている
⇒ ひざをしっかり使う
⇒ 両手を同時に出す
⇒ とばしたい方におへそをむける
} 二段トスの練習

② スパイクのボールを取る位置 = 右手の前でとれていない
⇒ 一番高い所でボールをさわる
⇒ かぶらないように意識する
⇒ トスを見て入る位置を変える
} 下に打ち込みの練習

③ コントロールしてカットをあげる = 肩があがっていて姿勢が高い
⇒ 腰をおとして最初から姿勢を低くする
⇒ 正面で手を組んでから動かさずに左右で合わせる } ディグ
⇒ ボールをむかえにいかない、手くびをこねない

自分の課題を練習する
5/4 ～ IVSのトレーニング開始

5/4 腰痛
⇒ 腹圧トレーニングをしっかりやって体幹をきたえる

IVSのメニューの股関節インナーで股関節が
痛かったのでストレッチをしてからする
⇒ 急に激しくせず徐々にする

5/19 Start
40分間走をするにあたって…。
⇒ 毎晩同じコースを止まらず自分のペースで
走り続けること!!
⇒ しんどい時に絶対自分に負けない!!
⇒ 1人で真剣に走りきること!!
⇒ 坂が長く続く道はタイムを測り日々
タイムの更新を目指すこと!!

40分間走って帰ってきたら…。
ジャンプメニュー
両足 ⇒ その場でジャンプ
右
左 } 片足でジャンプ
両足 ⇒ 両足をそろえてサイドにジャンプ
※やり方
1分間を
休憩なしで
合計4分間

「自分のできたこと、できなかった課題を書いています」という大崎さん。その言葉通り、ページに書かれているひとつひとつの課題に対して自分が意識するポイントが克明に記されている。「時々面倒になることもありますが、ノートを書き続けていくうちに習慣づけされてきました」と話す。

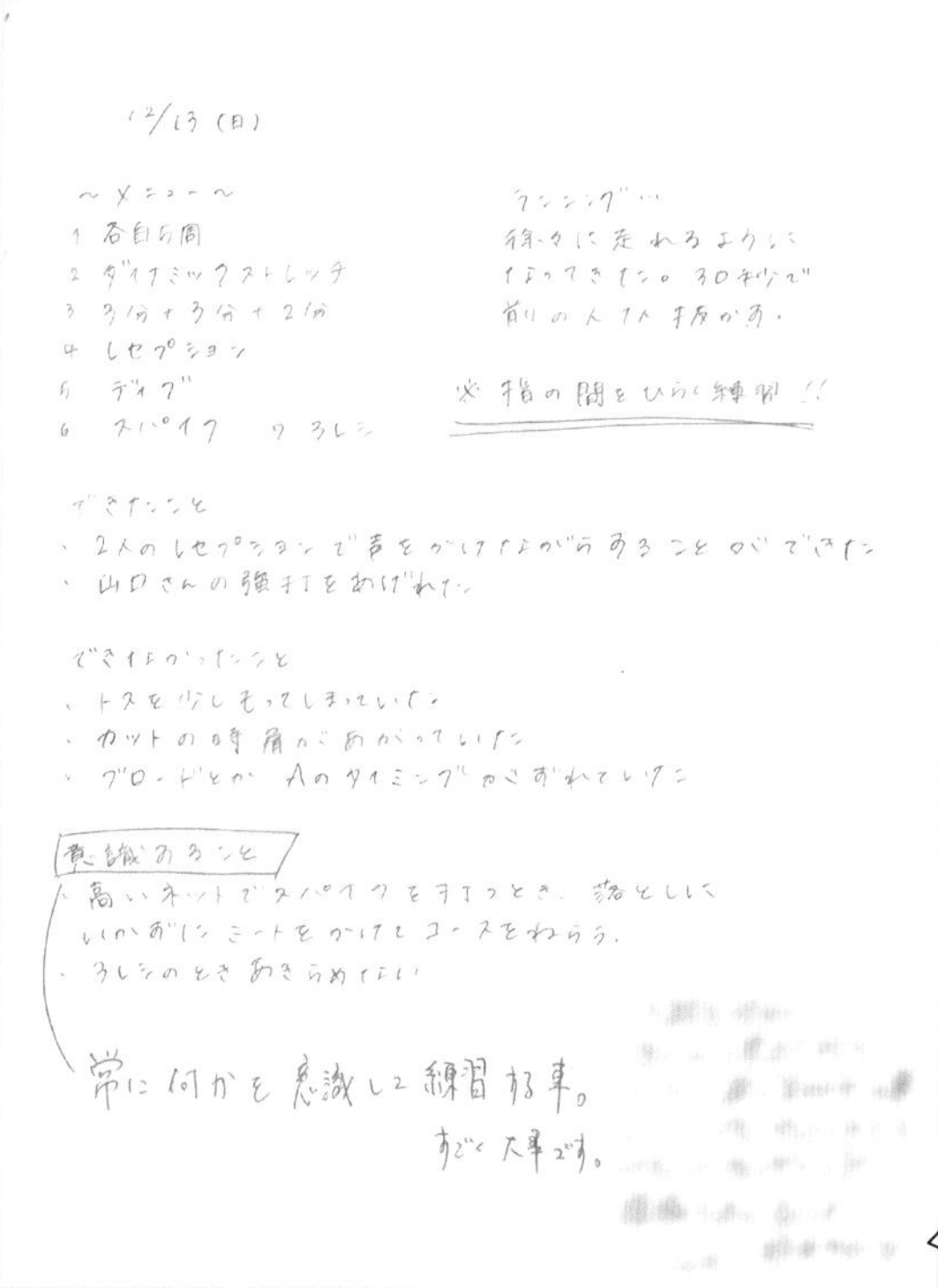
12/13（日）

～メニュー～
1 各自5周
2 ダイナミックストレッチ
3 3分+3分+2分
4 レセプション
5 ディグ
6 スパイク ワンレシ

ランニング…
徐々に走れるようになってきた。30秒で
前の人を抜かす。

※指の間をひらく練習!!

できたこと
・2人のレセプションで声をかけながらすることができた
・山口さんの強打をあげれた

できなかったこと
・トスを少しもってしまっていた
・カットの時肩があがっていた
・ブロードとかAのタイミングがずれていた

意識すること
・高いネットでスパイクをするとき、落とし(?)
いいかげんにミートをかけてコースをねらう。
・ワンレシのときあきらめない

常に何かを意識して練習する事。
すごく大事です。

ページ下部の酒井コーチの言葉にもあるように、ただ練習するだけではなく、常に考えながら練習に取り組むことを大切にしている。大崎さん自身も練習メニューの後には必ず「意識すること」をノートに書き込んでいる。効果については「次の練習で意識できるし、いいプレーにつながるから」と声を大にして話す。

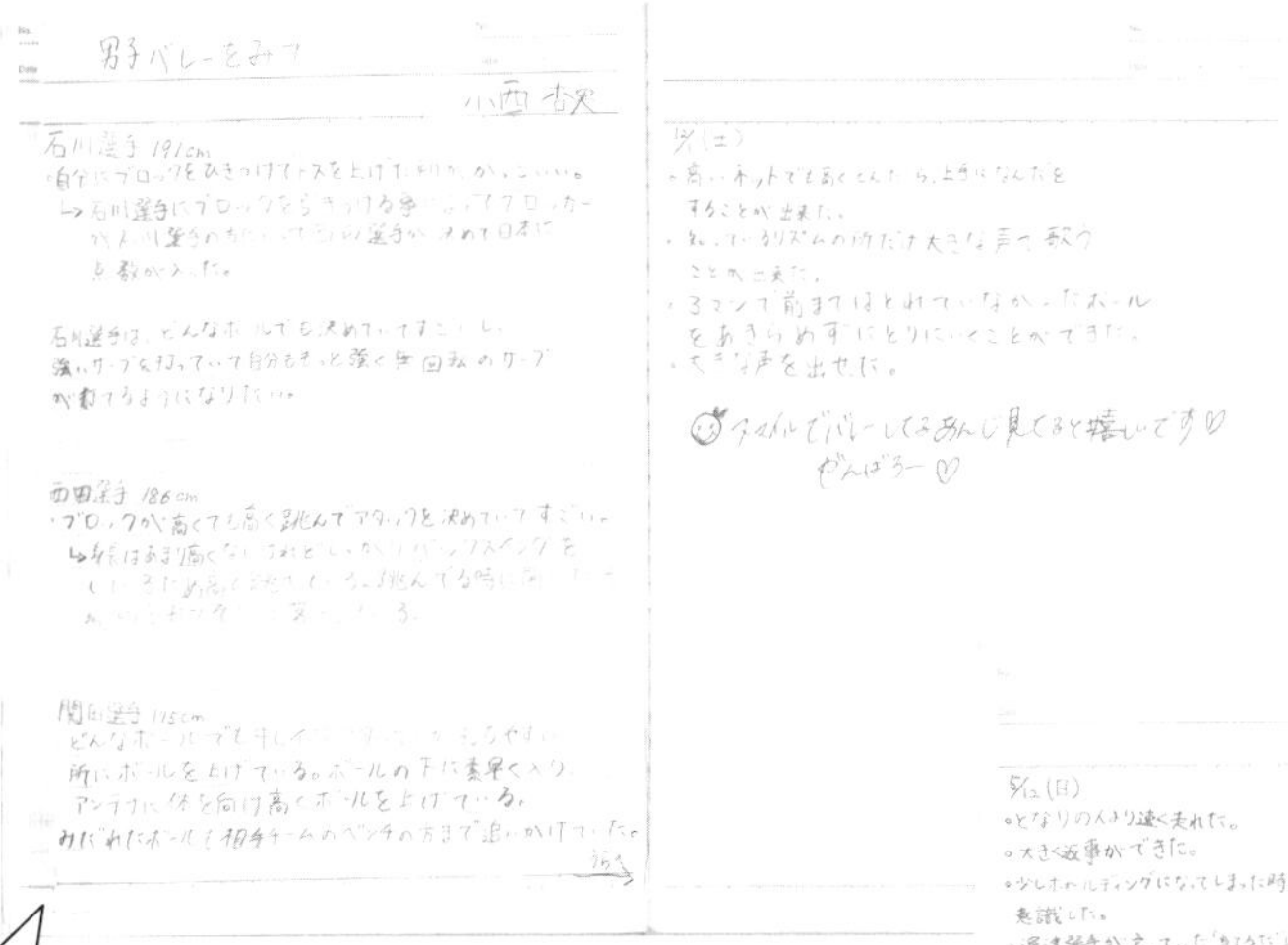

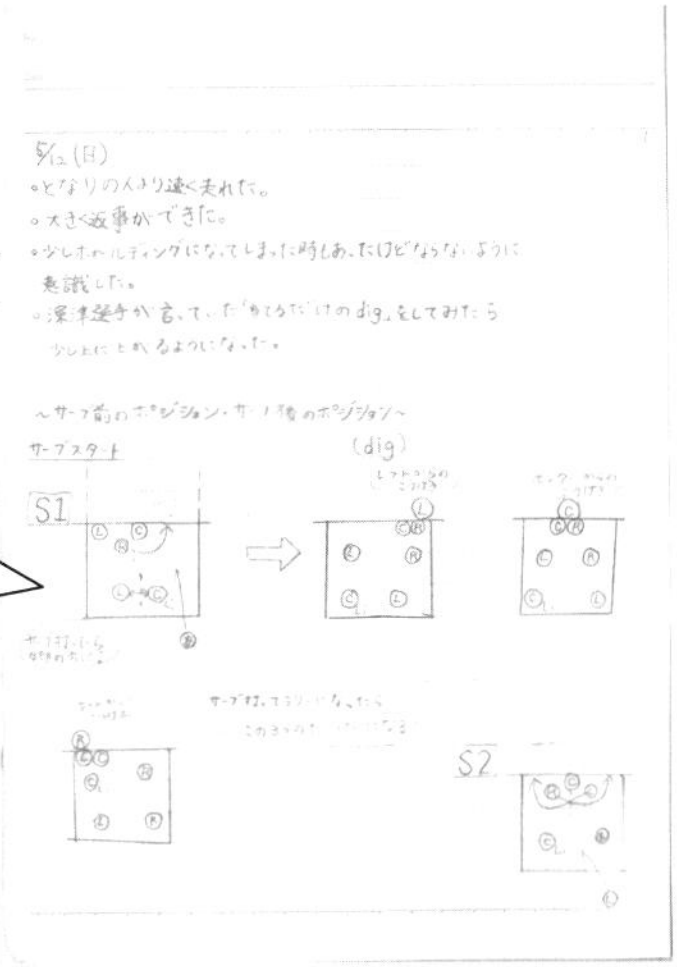

チームの中でも提出の頻度《ひんど》が高いという小西さんは、日本代表チームのプレーも必ずチェック。トップ選手たちのプレーのいいところを詳細にメモし、それに対し自分がどんなプレーを目指したいかも欠かさず書き込んでいる。右は、ローテーションごとのポジションを示す図解。チームメイトのポジション範囲や動きを整理し、コートに入ったときのルールや約束事を書いておくのも効果的。

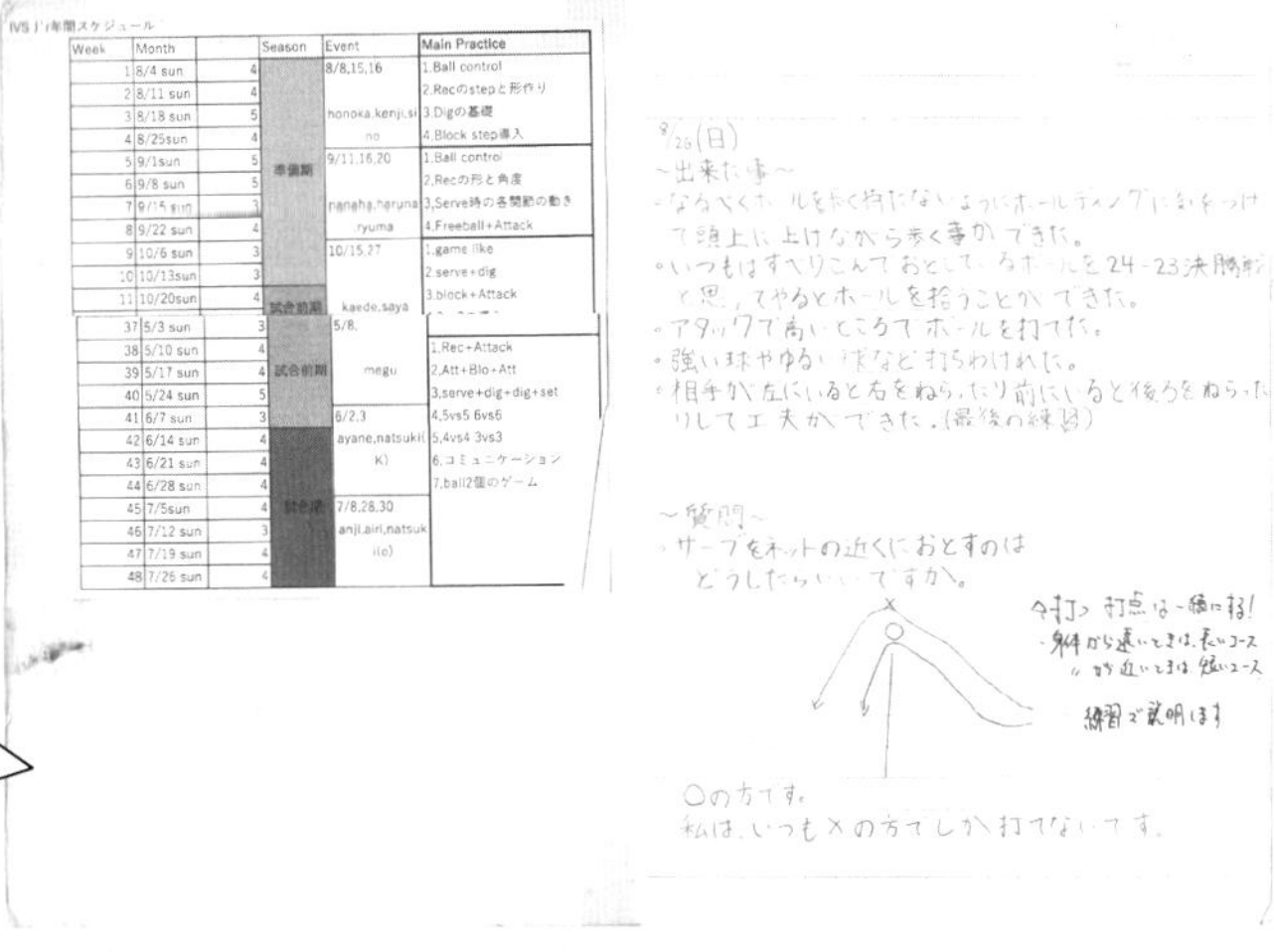

左ページはチームのスケジュール。右ページは「できたこと」を中心にノートに書いている。「練習のとき、わからなかったことがあれば、必ずコーチへの質問をノートに書きます」と話す小西さん。このページでは、小西さんの実際のサーブの軌道と理想の軌道が図で描かれている。

PART4

ノートに書くことが習慣づいてきたら、徐々に内容を掘り下げていきます。ノートに対する第三者の目を取り入れてもよいでしょう。ノートを通じて指導者と適正な距離感を構築できます。ノートの進化は、アスリートの心の成長と歩みを同じにします。バージョンアップしながら、ノートのクオリティを高めていきましょう。

ノートに書く内容を掘り下げる

POINT 01

客観的な視点を取り入れて独りよがりなノートにしない

ノートを指導者や第三者にチェックしてもらう

自分の思いをぶちまけるだけの独りよがりのノートにしないためには、ときに監督やコーチ、指導者などに見てもらうことも効果的です。これは「指導者との交換ノート」タイプか「見せてもよい内容のノート」であることが条件となりますが、実際に見せるときは、心から師事《しじ》できる人にしましょう。

監督やコーチなど信頼できる人に自分のノートを見てもらうことは、これまで言わなかったことや打ち明けてこなかった悩みなどを伝えられる機会にもなります。

ノートの交換を通じて、信頼関係がさらに構築されていけば、指導者からのメッセージの意味を考え、自分で解釈したり、解決できるようになり、アドバイスや指摘を受けるだけの関係から一歩前進するはずです。

MEMO 1

ダイレクトなメッセージでコミュニケーションをはかる

ノートを活用しながら、選手と指導者が円滑《えんかつ》なコミュニケーションをはかる。お互いにダイレクトなメッセージを書き込むことによって、言葉では表現できない悩みも打ち明けられる。特にチームスポーツは、選手ひとりひとりの考えやコンディションを把握するのにも有効。

MEMO 2

メッセージを解釈して客観的な視点に立つ

ノートを「見てもらう側」のアスリートは、指導者が書き込んだメッセージを参考にし、あらためて自分の姿(ノート)を俯瞰《ふかん》してみる。そうすることにより、これまでと違う景色が見えたり、より客観的な視点や考え方を意識できるようになる。

ノートをチェックする側は、書いてある内容だけではなく、書いてある文字の大きさや筆圧の強さもチェックしてみましょう。文字の様相は人の気持ちを表すものです。活力がみなぎっているアスリートや子どもの文字は力強く、逆にモチベーションがさがっているアスリートや元気のない子どもは、文字が弱々しく見えることも。

文章量や書いてある内容に対して、良いか悪いかの評価だけではなく、アスリート・子ども自身がどんな表現を使っているのか、何を見てどんなことを思っているのかを読み取っていくことも大切です。

選手と指導者以外の第三者の目を入れる

選手と指導者の関係に、第三者的な人(=スーパーバイザー)を加えるのもよい。そうすることで視点を広げるだけでなく、選手が指導者に依存してしまったり、指導者が高圧的な態度をとるようなネガティブな状況を防止することができる。

POINT 02

ノートを通じて指導者と選手が適正な距離を保つ

アスリートと指導者が共同で作業する

これまで「ノート」という存在が、ときに指導者の役割を果たし、客観的な視点を持つきっかけになることを解説してきました。しかしながら、現実の世界には生身の監督やコーチなど指導者が存在します。アスリートと接する指導者は、選手をどのように導いていくかが大切です。

それは、まさに選手と指導者との共同作業であり、指導者の意志が強過ぎたり、選手の心を放置してしまったり、選手と指導者の距離感は、近すぎても遠すぎてもよい関係は築けません。

心と身体を限界まで酷使するようなハードなトレーニング、成績次第で契約を切られてしまうような試合は、どんなトップアスリートでも逃げ出したいと思ってしまう場面です。

北海道で行われた、ある冬季競技の代表合宿での話です。猛練習でもがき苦しんでいるアスリートた

MEMO 1

選手の心に寄り添う言葉選び

指導者は選手の心理状況を踏まえ、心に響くようなキーワードを与えられるとよい。選手を支える側は、ただ「ガンバレ、ガンバレ」と声をかけるのではなく、選手の心に寄り添えるような言葉選びを心がける。

MEMO 2

ときに見守ることも成長のコツ

選手が自然に集中できていて、取り組んでいることがうまくいきそうなときは、静かに見守ることもポイント。自分自身で考え、乗り越えるのを待つ。あえて言葉をかけない、という選択も指導者には必要。

ちの姿を目の当たりにした宿泊先の大女将さんが、「あら、あら、あんたたち、なんでそこまで頑張るの？苦しければ止めたっていいんでないの・・」という言葉をかけたそうです。その一言で、アスリートはハッと目が覚め「そうだ、やめたければ、やめていいんだ‥でも、目標を達成するために、今はがんばろう」という、ポジティブな気持ちになったというエピソードがあります。**ノートの提出を義務づけているチーム、指導者は、選手が客観的な視点に立ち、再び目標に向かって動き出せそうな「パワーフレーズ」をノートに書いて投げかけましょう。**

アスリートの成長を指導者が見守る

ノートを書き始めのころは、指導者とアスリートのやり取りが相互方向にうまくいかないことがある。指導者は形式的なノートにならないようトピックを注意深く読み、メッセージを書き入れる。ノートを継続することで、徐々にアスリートが自分自身を客観的にみることができるようになってくる。

POINT 03

がんばり過ぎずノートに本音や弱音を吐き出す

積極的な休養とノートの活用法

✕NG

「がんばる」ことが目標になってはならない。

アスリートが弱音を吐きたいときは、一体どんな場面でしょうか。練習で体を限界まで追い込んだとき、勝てると思った試合を落としたとき、試合直前になってケガをしてしまったとき……。人は、がんばった分だけその先に結果があると思いがちです。そのため、**いつの間にか「がんばること」が目標となってしまい、休息が短くなる、体を酷使することが続き、ついには心身ともに悲鳴を上げてしまうようになります。**

そのような状況にブレーキをかけてくれるのがノートの存在です。練習量や休みの頻度《ひんど》に合わせ、日々の体調をノートで管理しておけば、オーバーワークの変調に気づくことができます。「休むこともトレーニング」の一部という考えにいきつくことができれば、積極的な休養に取り組むことができるでしょう。その結果、パフォーマンスがあがってく

MEMO 1

求めている結果を突き詰めて考える

今の苦しいこと（トレーニング）は、自分が何のために取り組んでいるのか、最終的には何につながっていくのか。考えを突き詰めていくことで、求めている成果がくっきりと明確になり、モチベーションをアップさせる。いろいろな要素が組み合わさっていることを理解する。

MEMO 2

取り組んでいることの価値をノートに書く

弱音を吐いたり、休んだりしても構わない。すぐに結果が出なくても、取り組んでいることがどんな価値につながり、それがどのような財産となって残るのか。それをノートに書き出して、苦しいときを乗り越えるのも方法のひとつ。

勇気を持って休むことも必要

「がんばること」だけが報酬《ほうしゅう》になってはいけない。「がんばること」は、自分が掲《かか》げた夢や目標をかなえるための一部分に過ぎないからだ。客観的にとらえて休養が必要なときは、勇気を持って休むことも大切だ。休むことによって、コンディションがどう変化したか、冷静に向き合うことも大事。

るようなら、トレーニング量にも再考が必要です。

熱心に練習に取り組んでいても、なかなか結果を残すことができない選手は、ノートを振り返って休息の頻度や調整方法を見直してみるといいでしょう。

身体の不調だけではなく、心が病んでしまったときも、ノートの出番。ネガティブな気持ちになったときは、つらいこと、悲しいことなど弱音をどんどん吐き出します。そのときの素直な気持ちをノートに並べていくことで、自分の置かれている状況や立場を理解することができます。

POINT 04

「負け」を無意味な負けにしない 敗戦を大きな成長に変える

失敗を打破《だは》し、成功に導くノートの存在

自分に勝った相手の負ける姿を見ることも方法のひとつ。

これまでスポーツの世界で、一切の挫折《ざせつ》を知らず、頂点に昇りつめることができたアスリートが何人いたでしょうか。ボクシングを例にとると、確かに無敗の世界チャンピオンはいましたが、彼らは一度も挫折しなかったとは言い切れません。

数々の失敗を打破し、成功に導くノートをつくるためには、「負け」から目を背《そむ》けないことが大切です。「自分」という存在を深く掘り下げて、客観的に見つめなおすには、対戦相手が何を考えて戦っていたのかをイメージし、ノートに書くことで本当の「自分自身」の姿が見えてくるでしょう。

ときには試合で自分が負けてしまった相手が、次の試合で負ける姿を見ることも必要です。試合後は、解説者になったつもりで、試合をチェックしたり、その選手が強い相手と対戦する中でミスを連発するところや得点できない姿を目に焼き付けておくのです。

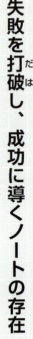

MEMO 1

相手をチェックして次の機会に活かす

試合が終わって、すぐ帰るのでなく、負けた相手の試合をチェックし、気がついた点やウィークポイントをまとめておく。それに対して自分の課題や試合での対応策、練習方法などのプロセスを描くことで、次のチャレンジ機会に活かす。

MEMO 2

敗戦を分析して原因を探る

スコアだけではわからない敗因を探ることも重要。得点・失点のパターンから分析する。負けた理由がスキル不足なのか、あるいは単純ミスなのかによっても対策が異なる。「ついていなかった」と敗戦を振り返らず、目を背けるようなことはしない。

相手のウィークポイントを抽出《ちゅうしゅつ》することで、攻略できなかった自分自身の課題も浮き彫りになっていきます。次に対戦したときに「こうやれば勝てる」というヒントが見つかったら、次の練習に活かしていきます。

相手のウィークポイント、自分の課題、試合での対応策、練習方法などのプロセスをノートにまとめておくとよいでしょう。「負け」に無意味な負けはないのです。

負けた自分とノートのなかで会話

敗戦が自身の大きな成長につながるように「負けた自分」と会話することも重要。「なんであのボールが打てなかった？」「変化球なんて頭になかったよ」。そのような会話のキャッチボールが、心のスイッチを切り替えるきっかけとなり、新たな気持ちで練習に取り組めることができる。

POINT 05

基本をしっかりおさえてから自分自身のテイストを加える

「守破離《しゅはり》」の原則を知って挑戦する

基本を学ぶ
守
自分流に技を磨く
破
離
師を離れ
境地に
達する

茶道や華道、武道、芸術での師弟関係において、学んでいく成長過程を示す言葉として、「守破離（しゅはり）」という原則があります。「守」は師匠の言葉をすべて受け入れ、しっかり学ぶことを言います。次の段階の「破」では、師匠の教えの中に自分の考えを取り入れて学んだことをアレンジしていきます。最後の「離」は、師匠のもとを離れて独立して道を歩んでいくことです。

この「守破離」の原則に沿って「基本」をしっかりマスターし、自分の頭で理解したことに、自分なりのテイストを加えられるようになると、成長スピードが一気に加速します。逆に「守」の段階で我流を通そうとして、指導者のアドバイスを正しく理解できないと、基本をねじ曲がった状態で身につけてしまう恐れがあります。このようなタイプの選手は、よいときは問題ありませんが、一度つまず

MEMO 1

正しい基本があって応用技が成功する

フィギュアスケートでは、高難度のジャンプや回転技に目がいってしまうが、それ以上に基本のスケート技術も審査の対象となり、得点で大きなウェイトを占めている。しっかりとした基本技術がなければ、応用技やジャンプに成功することは難しい。

MEMO 2

実戦場面を想定して練習する

練習を行うとき、そのトレーニングが実戦のどのような場面で使うのか、ある程度イメージしてトレーニングする。うまくいかないときは、自分なりにアレンジし、その技を有効活用できるよう自分のモノにしていく。

くと土台がしっかりしていないため、大きくバランスを崩して、基礎からやり直すことになります。

第二段階の「破」についても、指導者のアドバイスをそのまま忠実に再現しようとするのではなく、一度咀嚼《そしゃく》して、自分のスキルや体力、特徴にあった方法にアレンジすることが求められます。このような段階を経て得たスキルは、体に深く浸み込み、いよいよ自分のモノになってくるのです。

このようなことから「守破離」の原則に沿って、学んだプロセスをノートに反映していくとよいでしょう。

カテゴリーが変わるときが指導者から独立となることも

日本のアマチュアスポーツでは、指導者からの「離」(独立)は、珍しいことともいえる。しかし、小学校から中学校、中学校から高校という具合にカテゴリーが変わることは指導者のもとを離れることにつながる。そんなときどれだけ自分が指導者から自立しているか、見つめ直すことも必要。

POINT 06

ノートを二つに分けて成長にあわせた書き方を実践する

心と体の成長度合いにあったノートを書く

兄弟でもモノへの取り組み方は違う。

アスリートの心と体の成長に合わせて、ノートの書きやその内容も進化していきます。特に子どもの場合、その子の書く能力や心の成長の度合いにあったノートの書き方に導くことが大切です。

例えば、長男として生まれたA君は、小学生になったとき、あらゆるスポーツの習い事のなかから、親のすすめもあってサッカーチームに入りました。

二つ年下の次男B君になると、親のすすめは必要ありません。小学校に入る前から、お兄さんのサッカーを見様見真似《みようみまね》ではじめ、成長とともに兄弟はライバル関係に発展し、お互いが切磋琢磨《せっさたくま》します。

ここで言いたいのは、サッカーをはじめたきっかけです。「親がすすめた」のか「自分からはじめたのか」という部分において、A君よりもB君の方が能動的ととらえることができるかもしれませんが、A君は課せられた練習には積極的に取り組んでいます。

MEMO 1

真っ白なページに何かを書いてみる

ある程度、書けそうな子どもには、真っ白いページを最初に差し出す。そこに決まったルールはなく、とにかく好きなことを書いてみようと促《うなが》すこと。子どもによっては最初から書ける子、まったく書けない子がいる。

MEMO 2

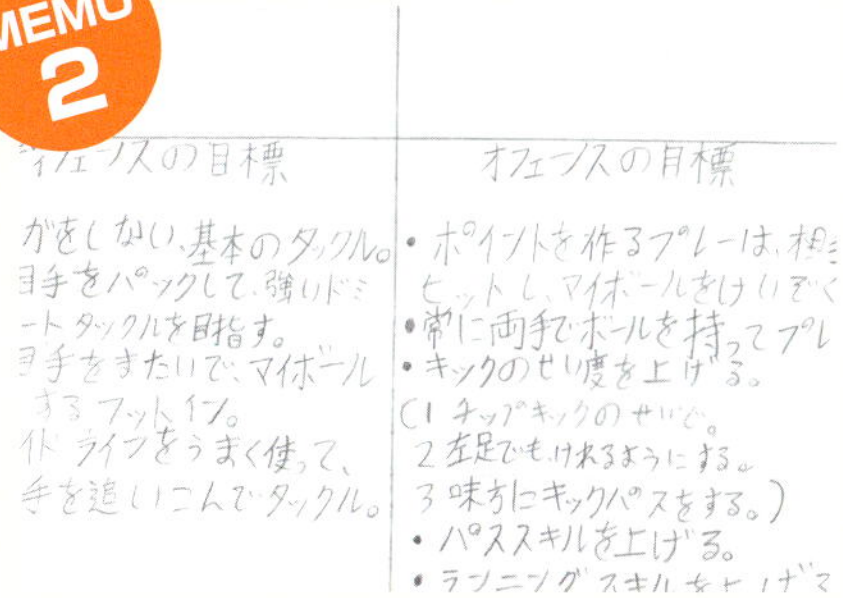

心と体の成長とともに感じること、見えてくるものが変わる

最初は書けなくても、ひな形に記入したり、書くことを継続することで自然に書けるようになっていく。継続は、文章の構成力や文字のキレイさにつながっていく。心と体の成長とともに、言葉や項目の数が増えて分量も多くなり、中身も濃いものになる。

一方のB君がボールを蹴《け》りはじめたときは、体も小さく、A君についていくのが精いっぱいの体力。どうやったら勝てるのか、考えてプレーする、工夫する段階には、もう少し成長を待たなければなりません。

ノートにも同じことが言えるかもしれません。最初はA君のように親あるいは指導者が、スポーツノートを書くきっかけを与えるところからスタートすることは、間違いではありません。

書けたことを自覚しながらノートを振り返る

最初は白い紙に1行、2行でも徐々に進歩する。子どもがいつの間にか書けるようになったことを自覚することも大切。書いたものを何度も読み返すことで、1回目ではわからなかったことが見えてくることもある。それが刺激となってパフォーマンスも向上し、ノートの質も高まっていく。

POINT 07

事前に勝った自分の姿をノート上にイメージしておく

目の前のピンチやチャンスをシミュレーションしておく

マッチポイントを迎えても、動揺しないメンタルを身につける。

試合で勝ち切るためには、事前に「勝つイメージ」を鮮明に描くことが大事。勝利へのチャンスがいつくるのか、それをどのようにつかむのか、ノートを使ってシミュレーションしておきます。

マッチポイントのあるラケット競技を例にあげて考えてみましょう。いつも勝ち切れないパターンが多い、マッチポイントをとられた選手は、その時点で「終わった」「負けた」とネガティブ思考になってしまいがちです。しかし、そんな劣勢《れっせい》場面から、逆転した経験がある選手は、「まだまだ逆転できる」というメンタルでプレーにのぞむことができます。

前者は簡単にゲームを落としますが、後者は粘り強く戦い、逆転する可能性すらあります。

苦しい展開を勝ち切ったり、逆転でゲームをものにした経験がある選手は、マッチポイントを特別なポイントとせず、ゲームが終わるまでは決して気を

自分が勝ったときのストーリーをノートに書く

試合展開をイメージしておくことも大事。「A. 接戦の末、僅差《きんさ》をものにする」「B. 先行逃げ切りで勝ち切る」「C. 最後の大逆転で勝利する」など、対戦相手と自分との相性や実力差を考えて、あらゆるストーリーで勝てるイメージをノートに書く。

マッチポイントではゲームは決まらない

マッチポイントの次の1本が決まらなければ試合は終わらない。この競技の特性を理解し、次の1本を獲ることの難しさを知っている選手は、あきらめたり、守りに入ることなく、最後まで攻め続けることができる。ラインギリギリのショットでも、「アウト」なら試合は決まらない。

緩《ゆる》めないメンタルを備えています。勝負の流れを体で感じ、ゲームの急所になる部分は、確実にポイントを獲るようつとめます。

どうしても勝てない、勝ち切れない選手は、1ポイントに一喜一憂し、ゲームが終わっていないにも関わらず、勝つことをあきらめてしまったり、勝ってもいないのに勝ったものと思い気を抜きます。

自分が勝った姿をイメージして、ノートにどんな試合展開になるのか、相手の攻めに対して、どう切り返すのか、大事なポイントをどのように獲《と》っていくのか、思うがまま書き連《つら》ねてもよいでしょう。

自分が陥りやすい負けパターンを整理する

試合で追い込まれたときの対策や心の準備をノートに整理しておく。例えばサービスが不調で入らないときは、そのままズルズルと悪い流れを続けるのでなく、「第一サーブから変化をつけて確実に入れて、積極的に前へ出る」など、具体的な方策をノート上で練っておく。

POINT 08

勝つ資格、勝つ権利を自分から無駄にしない

試合終了のホイッスルをどう聞くのか考えておく

力の劣る選手が、強い相手と戦うとき、必要以上に畏怖《いふ》したり、萎縮《いしゅく》し、試合前に勝つことをあきらめてしまう傾向があります。競技によって番狂わせの多いスポーツ、少ないスポーツがあるとはいえ、勝敗を決定づける要素にメンタルは深く関わっています。

例えばサッカーの試合で強豪チームが前半で格下チームを2点リードしています。通常ならこのまま優位は動かないでしょう。強豪チームは無理をせず、ゆっくりボールをつなぎ守備的なサッカーに終始しますが、残り試合10分を切って、アクシデントから1点を失ってしまいます。このときの両チームの選手の意識は、一体どのようになるのでしょうか。

2－0で試合を終わらせるつもりだった強豪チームは、激しく動揺し同点にされないよう、さらに守備的なサッカーに陥《おちい》るかもしれません。一方、格下

MEMO 1

追いついた後の展開をイメージできない

劣勢を挽回《ばんかい》し、格上相手に追いついたとき落とし穴に陥りやすい。追いついたことに安堵《あんど》してしまい、追いこすためのプランを持っていないと、勝負どころで相手にポイントを奪われてしまう。追いついたときこそ、守りに入ってはならない。

MEMO 2

善戦した自分に酔って試合を投げる

格上相手にスコア的に善戦していると、「がんばった」という自分に満足してしまい、結果的に試合を落としてしまうことがある。試合に勝ち切って勝者インタビューにこたえる姿までイメージするなど、勝った自分を頭にインプットしておく。

チームは、押せ押せムードから、さらに攻撃的なサッカーを展開し、相手をどんどん押し込んでいきます。番狂わせは、選手のコンディションだけでなく、こうした心の動きも影響しています。

試合に出る以上、強豪であろうが格下であろうが、誰でも「勝つ資格」を持っています。いわば、「勝つ権利」です。権利を持っている者は、1%でも2%でも可能性がある限り、勝利へのシナリオを膨らませておくこと。仮に試合を落としても「やり切った」という感情で試合終了のホイッスルを聞くことが大切です。

ポジティブな言葉で自分を奮《ふる》い立たせる

試合前にノートに書く内容は、具体的な戦術や技術的なポイントに加え、試合中の心構えなど、ポジティブな言葉をキーワード化にする。大きくリードされても「くらいつく、絶対あきらめない」など、気持ちを奮い立たせるような言葉をチョイスしよう。

POINT 09

感情に流されずに決めたことを実行する

理論的に正しい方法でアプローチする

打たれた直後

一息ついた後
打たれた直後ではなく、冷静に振り返ることができる状態から前へ進む。

練習や試合のなかで、自分の感情が渦巻《うずま》き、それに流されてしまうことはないでしょうか。例えば、「なぜ自分がベンチメンバーなんだ」「レフリーのジャッジが酷《ひど》すぎる」など、感情的に練習や試合にのぞむことは、ポジティブな解決に至《いた》りません。試合でミスをしてしまった、ボロボロに負けてしまったときに「監督やコーチに怒られてしまう。次は怒られないようにプレーしよう」という考えも「反省」ではなく、「感情」の部分です。

「感情」が先にきてしまうと試合に負けたことやミスしたことに対して自分の評価や課題の分析ができなくなり、解決の手段にアプローチできません。

そのときの「感情」に流されるのではなく、大切なのは「思考」と「行動」を身につけること。試合で負けたのはなぜなのか？　ミスしたのは何が原因か？　次に自分がやるべきことは何か？　自分自身

MEMO 1

負の感情には、決着をつけてノートに向き合う

指導者に「怒られたくない」「ほめて欲しい」という考えは、スポーツでスキルアップするためには、必要のない感情。相手がどう思うかではなく、自分がどうしたいか、という点に焦点を当てノートを書いていくことがポイント。

MEMO 2

プラス思考でノートを書く

ときには「悔しい」「嬉しい」など、感情を爆発させせることも必要。しかし、書いた後はメンタルを切り替えて、冷静に実行するためのプラス思考にシフトする。そうしなければ感情的で具体的な方策が何もない、マイナス思考のノートになってしまう。

に問いかけることが、早期解決に結びつきます。

また、スランプに陥《おちい》ったときは、自分自身への問いかけだけでは、出口が見えてこないものです。なんとかしようと一生懸命に問いかけても、病んでいる頭のなかでは堂々めぐりとなってしまいます。そこで解決策を探すのは難しいと言えるでしょう。

そんなときは、自分の信頼できる人を頭に思い描き、「この人なら、どう考えるのか」と、ノートを用いて問いかけてみます。他人になり代わることでグンと視野が広がり、解決のヒントが見えてくるでしょう。

スランプの対処法をノートにストックする

スランプや停滞期は、どんなアスリートにも必ずやってくる。そのようなときこそ自分に向き合い、冷静に見つめ直す作業が大切だ。やみくもに打ち込むことも方法だが、その時々の対処法をノートに書いておくことでストックし、次のスランプ時の備えとする。

POINT 10

「感謝」の思いをキーワードにノートに書き込む

勝利を超越した高みを目指して成長する

一流のアスリートが勝利したとき、優勝インタビューやメディアの記事において、周囲のスタッフやサポーターに向けた「感謝の言葉」がキーワードとして取り上げられることがあります。その分野で頂点に立つ、アスリートはどのような心境で「感謝」という言葉を口にしているのでしょうか。実は、この言葉にはアスリートが力を発揮できる、大きな効果があります。

それは、戦っているのは、決して自分ひとりではないと認識できていることです。特に個人競技の場合は、試合にたった一人でのぞみ、勝ち負けやすべての負荷《ふか》を背負って苦しく感じることがあります。

しかし、**「感謝」というキーワードを周囲に向けて発信することで、自分はひとりではない。支えてくれる監督やコーチ、トレーナーらスタッフがいるという心境で戦うことができるのです。**そのような

MEMO 1

少年野球で指導される感謝の思い

少年野球ではバットやグローブなどの「道具を大事に」「道具を大事にしない選手は、うまくならない」と指導される。練習が終われば、全員が整列してグラウンドに一礼する。どちらも野球をさせてくれた感謝の思いに共通する。

MEMO 2

武道の礼には感謝の思いが詰まっている

柔道や剣道などの武道では、「礼」を重んじる。礼とは感謝に通じる思いであり、相手へのリスペクト。対戦相手や練習相手、師範《しはん》や審判、道着や道場など、すべての人やモノに対する感謝の思いが詰まっている。

アスリートは、勝負どころでも決して逃げるようなプレーはしません。

ノートには普段からバックアップしてくれている監督やコーチ、マネージャー、両親などに感謝の気持ちを書いてみるとよいでしょう。この思いを対戦相手や審判、観衆、道具やグラウンド、コートまで広げていくことで、大事な試合でもどこからともなく、力が湧《わ》いてくるはずです。感謝への想いがより大きな勝利へと導いてくれるでしょう。

コートの出入りで一礼するトップ選手

バドミントンのトップ選手である奥原選手は、試合場への出入りでコートに一礼する。これは「バドミントンをできるよろこび、感謝の気持ちを形にした行動」と言える。選手である以上、試合に勝つことが最大の目的であるが、勝敗を超越したところで競技に対する思い入れを感じさせる一コマだ。

POINT 11

喜びや苦しさ、野球人生のすべてを知っているノートの存在

ノート拝見④読売巨人軍　木佐貫洋

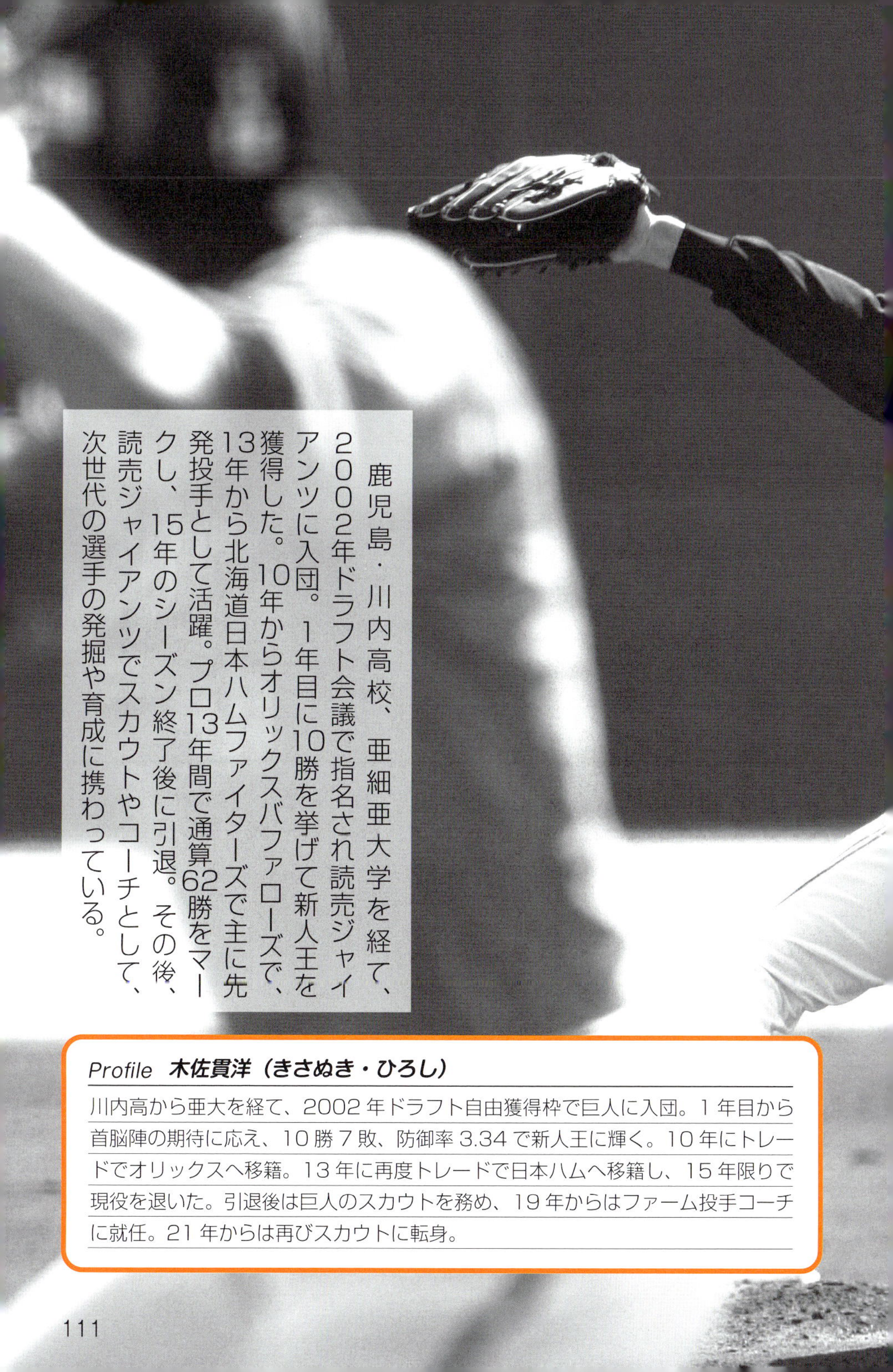

鹿児島・川内高校、亜細亜大学を経て、2002年ドラフト会議で指名され読売ジャイアンツに入団。1年目に10勝を挙げて新人王を獲得した。10年からオリックスバファローズで、13年から北海道日本ハムファイターズで主に先発投手として活躍。プロ13年間で通算62勝をマークし、15年のシーズン終了後に引退。その後、読売ジャイアンツでスカウトやコーチとして、次世代の選手の発掘や育成に携わっている。

Profile **木佐貫洋（きさぬき・ひろし）**

川内高から亜大を経て、2002年ドラフト自由獲得枠で巨人に入団。1年目から首脳陣の期待に応え、10勝7敗、防御率3.34で新人王に輝く。10年にトレードでオリックスへ移籍。13年に再度トレードで日本ハムへ移籍し、15年限りで現役を退いた。引退後は巨人のスカウトを務め、19年からはファーム投手コーチに就任。21年からは再びスカウトに転身。

―ノートをつけ始めたのはいつ、どんなきっかけで、どのような目的で書いていましたか？

木佐貫■中学生の頃から大学ノートに書き始めました。学校の宿題でも日記の提出がありましたが、それとは別に自分用としてノートを買って、先生や親に見せるわけではなく、毎日、自分自身に向けて書き溜《た》めていました。当時は軟式野球をしていて、地域の予選を勝ち抜いて県大会に出るのが大きな目標でした。私はエースで四番をやらせてもらっていたので、「自分がしっかりしないとダメだ」と、自分を律《りっ》するためにノートをつけていたところがあります。主に投げる、打つに関するテクニックや感覚的な部分を書いて、いつかスランプになったときに役立つはずだと「保険」のように考えていました。

―中学生でそう考えられるのはすごいことですが、毎日続けるのは大変です。

木佐貫■書くことが続かない代名詞が日記ですが、私はそれが苦にならなかったです。1日4、5行ほどでしたし、時間がある土日はじっくりやりたかったので20～30分とっていましたが、平日は5分くらいでパパッと済ませていました。書けないときは次の日とか、その次の日に書くこともありました。少年野球教室などではよく、「書くことが習慣になれば、やらないと気持ち悪く感じるから、歯磨きと同じ感覚だよ」と話しますね。

―毎日書き続けると、書く内容が重なってくると思いますが、高校時代のノートとの向き合い方は？甲子園まであと一歩でしたが、夢が叶《かな》わなかったときなどにはネガティブな内容も書きますか？

木佐貫■高校時代も同じように続けていました。学校の宿題をやらない日はあっても、机に座ったらまず最初にノートというように癖《くせ》になっていました。たしかに内容はだんだん重なってくることも増え、新鮮味がなくなってきたところもありますが、自分が気をつけていることや大事にしたいと思っている感覚は変わらないという気づきもありました。負けたときやうまくいかなかったときにも「なんでダメなんだ」と書いていて、誰に見せるものでもなかったですから、良い意味でストレスのはけ口になっていたと思います。

―亜細亜大学では、4年時は2季連続で最高殊勲《しゅくん》選手、最優秀投手、ベストナインの三冠を受賞。プロを意識したのはいつからですか？

甲子園出場に向けた地方予選大会決勝戦の試合結果

	1	2	3	4	5	6	7	8	9	計
川内	0	0	0	0	0	0	1	0	0	1
鹿児島実業	0	0	3	0	0	0	0	0	×	3

鹿児島実業高校 3-1 鹿児島県立川内高等学校
後にプロで活躍する杉内投手（鹿児島実業）と投げ合い、惜敗した木佐貫投手（川内）。
甲子園出場の夢は絶たれた。

木佐貫■高校生の頃から夢でしたが、鹿児島の田舎でしたし、自分にまだ自信がなかったので、もう一回り大きくなるために大学に進学しました。ただ、高い志《こころざし》を持って大学に進んだものの、2年生までは怪我が重なり、とくに1年生の時は環境の変化にも慣れなくて、毎日、「辞めたいなぁ」と思っていました。ノートはそういう良くないときに助かりました。中学から高校に上がったときもノートに同じようなことを書いていて、それを読み返すと、「あのときもそうだったじゃないか。だから今回も同じサイクルが来ているだけだから、ここで頑張って乗り越えればなんとかなるだろう」と思えましたし、実際、そうやって乗り越えられました。

―大学でもそれまでのようにノートを書き続けたのですか？

木佐貫■大学では野球部の監督の方針で、大学ノートに毎日1ページ書くことと、3週間に1回程度の提出が義務づけられました。書く力をつけなさいということで、半ば強制的にやらされましたが、私はそれとは別に自分用で書いていました。大学はリーグ戦がメインで、同じ相手と何度も対戦するので、「○○大学はこんなことをやってくる」とか、「あのバッターをこうやって抑えることができた」などと、過去の対戦データを蓄積《ちくせき》する内容も増えていきました。ノート1ページの分量は、慣れれば20～30分で書けるようになりました。

―調子というのは、良いときもあれば悪いときもあります。良いときはノートを見返していますか？また、ノートを人に見せる、見せないは書く内容に影響しますか？

木佐貫■ノートを見返したいのは、やはり調子が悪くなって困ったな、焦《あせ》るなぁというときです。私自身も藁《わら》にもすがりたいときに自分の過去のノートを見返して役に立ったり、特効薬にはならなくても良い処方箋《しょほうせん》になることは多かったです。ただ、人に見せるためのノートは、核心を突いた内容や本心をさらけ出すような内容を書きにくい面もあります。信頼できる先生や親に対して、ノートを通してなら本音を伝えられる人もいますが、私にはそれが難しかったので、誰にも見せない自分用のノートをつけていたのです。

―プロ入りして1年目から活躍しました。その秘《ひ》訣《けつ》はどこにあったのですか？

■木佐貫投手　プロ成績

年度	所属	勝利	敗戦	防御率
2003	巨人	10	7	3.34
2004	〃	7	8	5.03
2005	〃	0	1	3.95
2006	〃	0	3	9.58
2007	〃	12	9	3.09
2008	〃	6	5	4.14
2009	〃	0	0	10.13
2010	オリックス	10	12	3.98
2011	〃	2	7	4.60
2012	〃	5	9	2.60
2013	日本ハム	9	8	3.66
2014	〃	1	3	3.12
2015	〃	0	0	0.00
通算13年		62	72	3.76

木佐貫■大学時代の猛練習の貯金が効いたことと、先発投手として1年間、回してもらえたからだと思います。野手やリリーフの人たちは毎日、試合に出る準備をしなければならず、体力的に本当にしんどいポジションですが、先発投手は基本的に週に1回ですから、オンとオフを区切りやすい。そこは恵まれていましたね。プロの世界は当然、相手打者のレベルが高く、ほとんど先輩の方たちなので自分より力量が上でした。でも、大学で戦いの舞台だった東都リーグもレベルが高く、脚を絡《から》められたりするようなタフな試合が多いリーグでしたので、そういう環境で自分を切磋琢磨《せっさたくま》させてもらえたのも良かったと感じています。

―やっているのは同じ野球であって、ベースになる部分が鍛えられてプロで花開いたという感じですね。好成績だった1年目もしっかりノートをとっていたのでしょうか?

木佐貫■そうですね、たしかに1年目は良い成績でした。ただ、私はマイナス思考になりやすかったので、「プロの世界は甘くない。2年目、3年目は研究されてしんどくなるはずだ」と思いながら、今のうちにしっかり書いておこうとノートをつけていました。実際、3年目と4年目に1勝もできなかったのは、3年目に怪我をしたこともありますが、別の理由もあります。それは、相手が研究して対応されてくる中で、私自身がプロの環境に順応してレベルを上げて行かなければいけなかったにもかかわらず、自分の成長速度が遅かったからだと思います。

―それでも5年目の2007年に12勝を挙げ、復活を遂げました。この要因は?

木佐貫■それまで球速が最速150キロくらいのスピード型のピッチングスタイルでしたが、肩の故障と当時の尾花高夫コーチのアドバイスもあり、モデルチェンジしたのです。テイクバックをコンパクトにした投げ方にし、スピードを多少抑えても相手が嫌がるコースを突くようなコントロール重視かつ丁寧なピッチングスタイルです。怪我や相手の対応の高さから、このままでは自分が投げたいボールでは抑えられないと感じ始めていた時期に、尾花コーチの勧めがあったので、私もそうしていかないとプロでは生きていけないと納得して取り組めたのが良かったと感じます。

―2008年4月は好調でしたが、そこから調子

一年目からフル回転の活躍で新人王に選出される活躍も、プロとしての道のりは決して平たんではなかった。

を落としてしまいます。5月に阪神タイガースの主軸だった金本知憲選手への頭部死球が原因だったのでしょうか？

木佐貫■4月に良いスタートを切ったところで、金本さんの頭に当ててから自分がだんだん気にし始めました。メンタル的にはプロ野球に入って一番まずかった時期ですね。イップスになってしまうと自分でも思ったぐらいで、実際にその症状も出始めていて、これはピッチャーとして危ないと感じていました。その頃からメンタルトレーニングの専門家に相談するなど、かなりお世話になった記憶があります。メンタルトレーニングをしている人はメンタルが弱いからだと見られる風潮がありますが、当時の私は背に腹は代えられなかったですし、弱いとか弱くないではなく、自分のためだと思って取り組みました。ノートはちょうど5年日記帳に切り替えた時期で、その後、本当にしんどいときに金本さんに当てたときの日記を読み返すことが多かったです。

―2009年のオフにはオリックスバファローズへ、2013年には北海道日本ハムファイターズに移籍しました。チームが変わるのはメンタルを

■杉内投手に投げ勝った日のノート

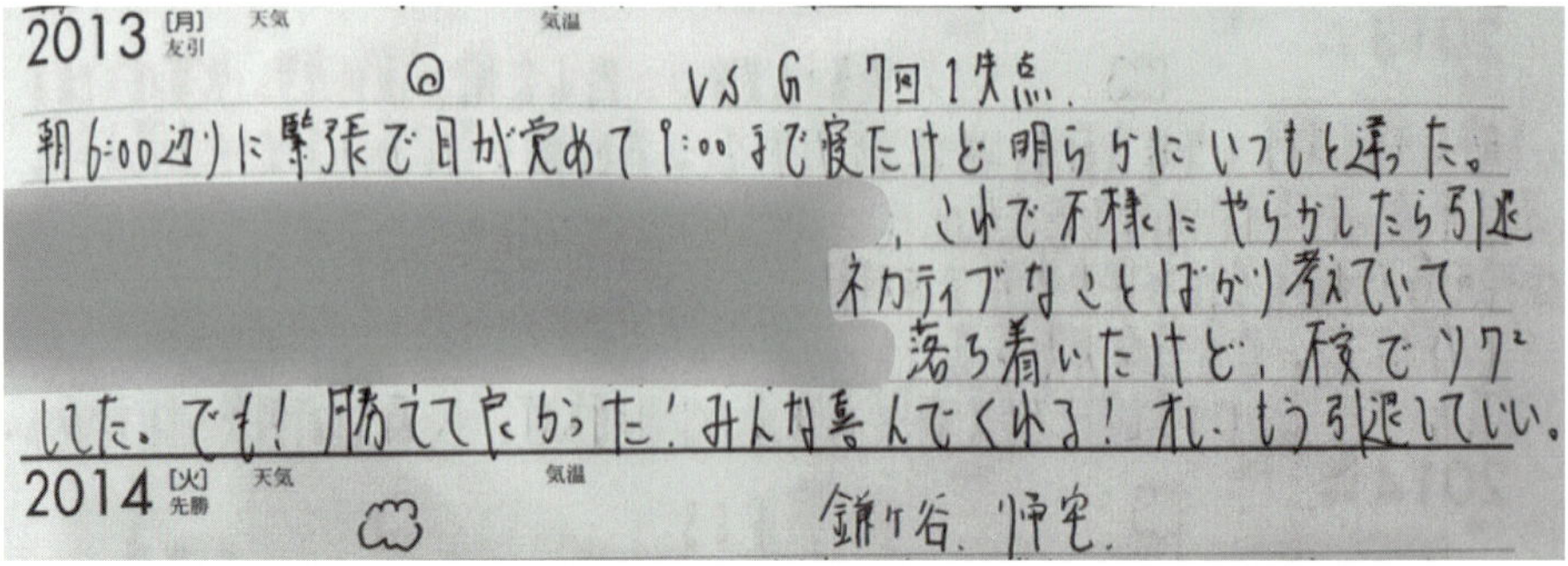
2013 [月] 友引 天気 気温
@ vs G 7回1失点.
朝6:00辺りに緊張で目が覚めて9:00まで寝たけど明らかにいつもと違った。
[redacted]、これで不様にやらかしたら引退
ネガティブなことばかり考えていて
落ち着いたけど、夜でソワ
した。でも！勝てて良かった！みんな喜んでくれる！オレ、もう引退していい。
2014 [火] 先勝 天気 気温
鎌ヶ谷、帰宅.

札幌ドーム２回戦　　2013年５月20日（月）

	1	2	3	4	5	6	7	8	9	計
読売ジャイアンツ	0	0	0	1	0	0	0	0	0	1
日本ハムファイターズ	0	0	0	0	0	1	1	0	×	2

勝投手：木佐貫（４勝２敗）　敗投手：杉内（３勝２敗）

切り替えるきっかけになったのでは？

木佐貫■ジャイアンツは常に注目される球団でしたから、オリックスに移ったときはそういう点で少し楽になったこともあり、二けた勝利を挙げられました。メンタルも金本さんに当てた頃よりだいぶ持ち直しました。日本ハムへの移籍は2月のキャンプの直前だったので、とにかく驚きましたし、シビアな世界だなとも思いましたね。一緒についてくる家族には大変な思いをさせてしまいましたが、私は環境の変化は前向きに捉《とら》えられるので、ノートにも「よし、次は関西か」「北海道でも頑張ろう」と書いています。北海道には美味しい食べ物があるだろうとか、電車が好きなので秘境の駅もあるだろうと、楽しみながら書いた日もありました。

―2013年には高校時代の夏の鹿児島県大会決勝で投げ合って敗れた杉内俊哉投手（ジャイアンツ）と投げ合って勝利投手に。そこから2015年に引退を決意するまでは？

木佐貫■私にはプロ野球人生でとくに印象深いことが3つあり、初登板と金本さんに当てたときと、杉内投手と投げ合って勝てたことで、その日の日

■戦力外通告を受けた日のノート

> 進展していく・・・・・・とかって本当にいい。今後に活きるとか…うれしい。
> 2015 [水] 天気 気温 大安
> 戦力外通告。勝さんち。
> 朝、Pコーチより「登板が無くなった」と言われ「いや嫌な予感…」と前練習して、
> 11:20 勇翔寮2階オールルームで吉行GMに「10/1から選手契約はしない」と。
> 戦力外。「そりゃそうだろうな」と予想通りの内容だったので特に驚きもなく。
> 〇〇〇〇〇〇〇〇〇〇〇〇〇〇〇〇〇〇〇〇〇〇〇〇〇
> 今後のファーム登板は無くていい、と伝えた。あと、翔か。まずはしっかり練習する!

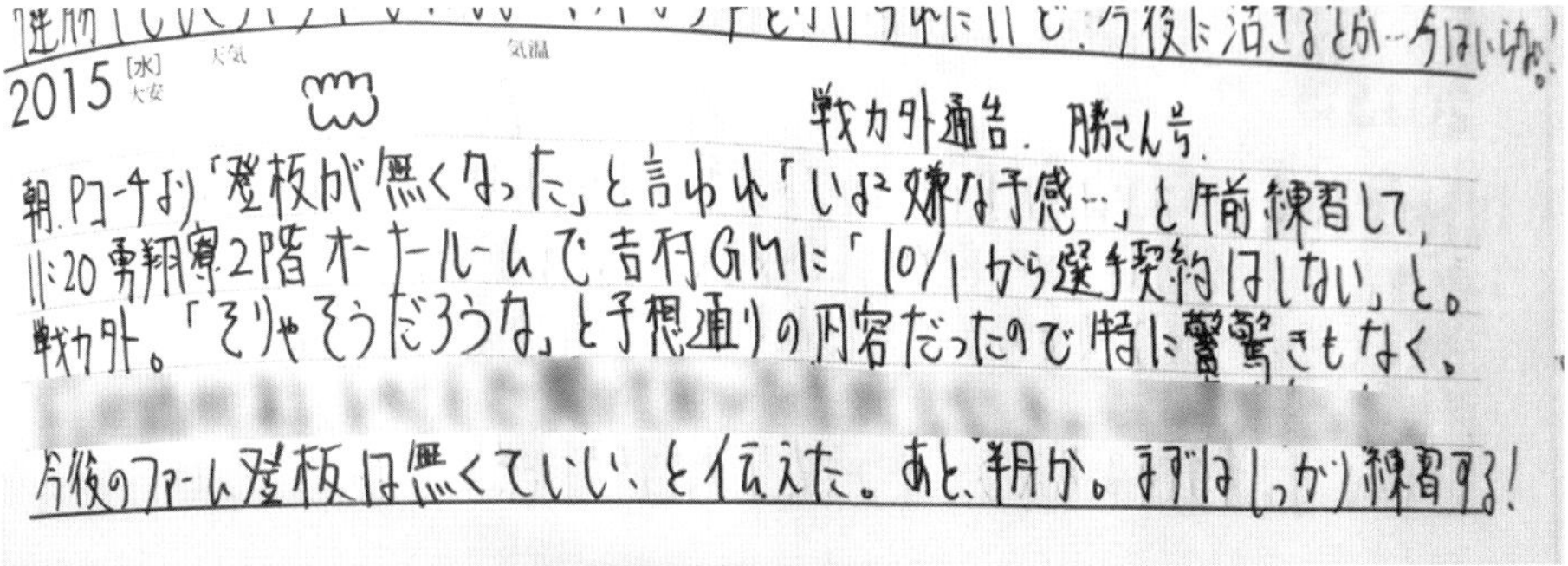

学生時代からノートをつけている木佐貫スカウトが使用している「5年日記帳」。

記には「もうこれで引退してもいい」と書いています。それくらい思い入れがあった試合です。2014年頃からは苦しみました。二軍の若い打者が私の投げるボールを苦にせず、打たれ始めてきたので、藁にもすがる思いで過去のノートを見返したり、「しんどいな。球団から戦力外と言われるだろう」といったことを書いたりしました。2015年には試すことがことごとくうまく行かず、引退という流れになりました。

——現役を引退した翌年の2016年からは巨人のスカウトになられました。野球界に残ったとはいえ、経験のないスカウトという仕事は難しいと思います。どのようにノートを活用しましたか?

木佐貫■過去のデータから対策ができない分野ですから、まずは目標やその日やったことを書いたり、知見としてスカウト部長や先輩に言われたことを書き留め、自分の経験値を蓄積していくつもりで書いていました。そして仕事を進めていく中で、自分が関わる選手の評価も書くようになりました。スカウトは眼力だと言われますが、その眼力も私が見る眼と、経験豊富なスカウト部の上司が見る眼はやはり違います。自分が良い選手だな

スカウトとしてバックネット裏から「原石」を探す。

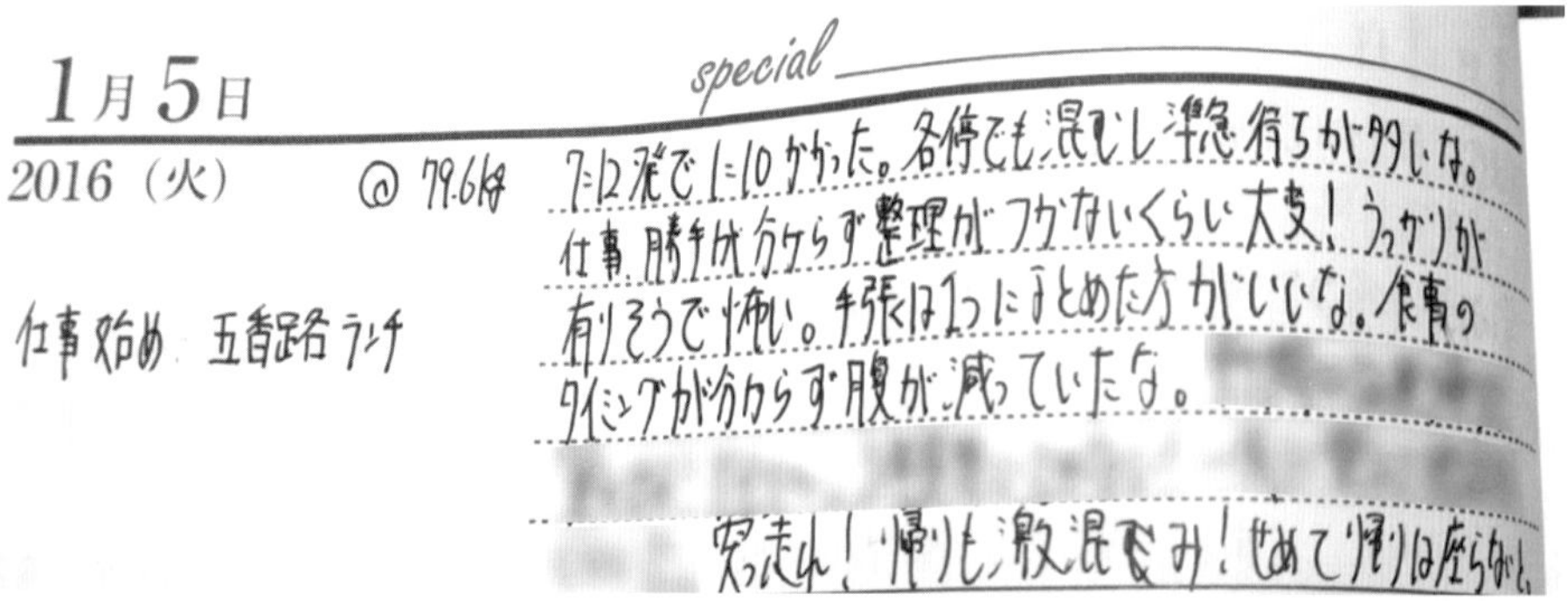

1月5日

special

2016（火）　@ 79.6kg

仕事始め　五香駅前ランチ

7:12発で1:10かかった。各停でも混むし準急待ちが多いな。仕事、勝手が分からず整理がつかないくらい大変！うっかりが有りそうで怖い。手帳は1つにまとめた方がいいな。食事のタイミングが分からず腹が減っていたな。

突っ走れ！帰りも激混み！せめて帰りは座らないと。

と思って、上司に一緒に見に行ってもらったり推《すい》薦《せん》したりしても、その選手のパフォーマンスが良くなかったり、何年か後になって活躍したりすることがあるので、そこがスカウトという仕事の難しさですね。

―スカウトとして実際に携わった選手は？

木佐貫■現在、横浜DeNAベイスターズの濵口遥大投手が、私のスカウト1年目に神奈川大学4年生で担当しました。会議で「濵口投手はドラフト3位ぐらいの投手だと思います」と発言したところ、DeNAが1位で指名して、私は半ば負け惜しみで、「実際に入ってみないと分からないからなぁ」と思っていました。でも、濵口投手は1年目に10勝し、あわや新人王という活躍でしたので、自分の目は全然甘いんだなと痛感しました。ジャイアンツの選手で最初に担当したのは、亜細亜大学の後輩にあたる北村拓己と、新潟・関根学園高校出身の外野手・荒井颯太です。育成ドラフトで入団した荒井は、残念ながら2020年限りで退団してしまいましたが、北村は頑張ってくれています。翌年は、外野手の山下航汰、投手の直江大輔、内野手の黒田響生の3人を担当し、この3人は1軍を目指して頑張ってくれているという状況です。

―木佐貫さんは投手出身ですが、スカウトでは投手も野手も関係なく見ているのですか？

木佐貫■はい。でも、野手を見る際、打者のスイングや守備のときの捕球、送球の仕方など、細かな点まで見ることはまだ難しいと感じます。それと、私たちは試合会場で選手を見ることが多いので、そこで気をつけて見ているのは、たとえば打者が凡打《ぼんだ》をしたとしても、何が起こるかわからないぞと、一塁まで一生懸命走っているか。投手も、せっかく見に行っているので、抑えて良いところを見せてほしいですが、打たれて交代させられても、ベンチで次に投げる仲間をしっかり応援しているか。うまくいっていないときにしょぼんと落ち込んだり、ふてくされたりしていないかを見ています。ノートと同じですね。うまくいっているときはいいけれど、そうではないときに「もうひと頑張り」と思えるようなタフな面があるかどうかが大切だと思います。

―2019年から2年間は、ジャイアンツのファーム投手コーチに就任されました。コーチ時代のノートの活用法は？

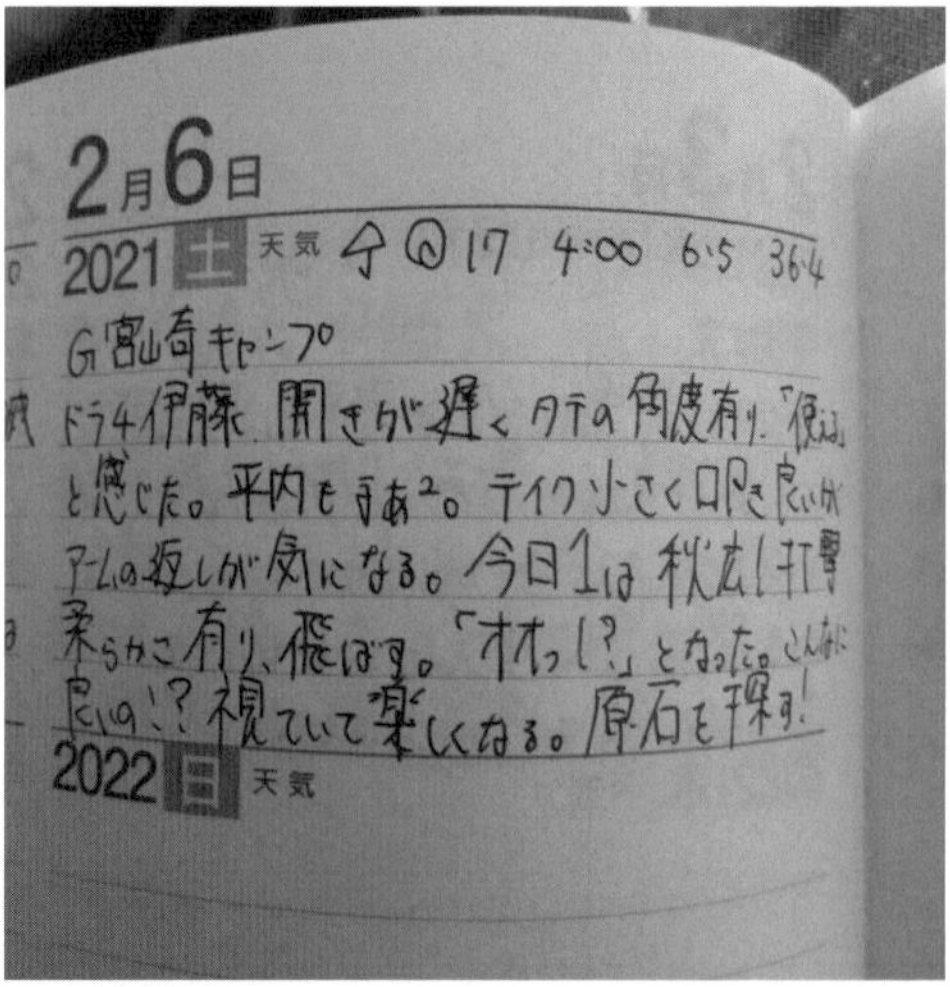

コーチまたはスカウトとして、常勝軍団を裏方として支える。決意の言葉が記されている。

木佐貫■コーチとしては、選手に対してどんなふうに言えば伝わるだろうかとか、納得してスムーズに取り組んでくれるかといったコミュニケーションの方法について書くことが多かったです。現役の頃は、「俺の言うことをやっておけばいい」とか「俺はこうだった」と上から言うような指導者の言葉が、自分にまったく響きませんでした。ですから私は、こうしろああしろと命令するのではなく、選手の横で伴走するイメージのコーチングを意識していました。ある若い投手が頭部に死球を当てたときは、自分の経験を伝え、「俺はこう苦しんだからこうしたらどう?」と失敗談を用いて話したこともあります。ノートに関しては、対戦相手のことまで触れられれば、より深みが出たかもしれませんが、実際は選手とこんな話をした、こういう注意をしたなど、自チームの選手のことばかりでしたね。伝えたことで選手の成果が出ると、やはりとても嬉しかったです。

―スカウトやコーチをされていて、携わった選手で普段からノートをとっている選手はいましたか?

木佐貫■ノートをつけているという選手はジャイ

アンツの2軍にもいました。青森山田高校出身の投手・堀田賢慎は、きちんと書いていたようです。スカウトで担当した北村、荒井、山下、直江、黒田には、私はこういうノートにこんなふうに書いていると見せた上で、彼等にも「やってみるといいよ」と、5年日記帳を買って渡しています。書いてくれていたらいいなと思っています。

―最後に、ノートに関して若いアスリートにメッセージを。

木佐貫■ノートは、今は困っていなくても苦しいときに見返すと、解決するヒントを与えてくれることがあります。特効薬《とっこうやく》にはならないかもしれませんが、処方箋にはなるわけです。また、私は書き続けたノートを高校や大学に進学するときによく読み返しました。自分が取り組んでいる競技だけでなく、人生の岐路《きろ》に立ったときにも役立ちます。だからこそノートに書き留めることは良いことだと思いますし、ぜひやってみて長く続けてください。

PART5

人には、その人特有の「ものの見方、考え方、生き方」があります。それを、精神科医のエリック・バーンは、その人が幼少期に無意識のうちに決めた「脚本」だと述べています。あと一歩のところで弱気になる、勝ちきれないなど、何度も同じ選択ミスを繰り返してしまう解決策として、脚本の書き換えをしてみましょう。

アスリートタイプ別のノートの書き方

POINT 01

自分がどのような心の持ち主かアスリートタイプ別に考える

感情を上手にコントロールして成功する

自分がどのようなタイプのアスリートか考えてみよう。

競技の目的は、試合で最大限のパフォーマンスを発揮《はっき》し、勝つことです。そのためには、ただ単に技術や体力を磨くだけでは不十分です。アスリートの心（メンタル）が勝敗だけでなく、人としての成長に大きく関わります。

仮に一時的に強くなったとしても、試合の勝ち負けや1ポイントごとに喜んだり怒ったり、落ち込んだりする感情的なアスリートは、トータルで結果を残すことができません。

特に指導者やチームメイトと衝突が多い自己中心的なアスリートは、自分にもストレスがたまり、競技に集中できなくなる傾向があります。一時の感情に振り回されては、せっかくの能力を発揮することができないのです。

感情に振り回されないためには、まずアスリートは「自分の心がどんな状態であるか」ということを

MEMO 1

自分が書いたシナリオで主役になれない

試合終了５秒前、同点の場面で絶好のシュート機会がやってきた。このとき、いつもは黒子に徹するディフェンスの選手は、すばやくシュートを打てるだろうか。「自分は打てない、試合を決めるのはエースだ」という、自分が書いたシナリオにそってパスを選択してしまうこともあり得る。

MEMO 2

自分の心の状態とアスリートのタイプを知る

「キャプテンだから…」と、どうしても無理をしてしまうことがある。理想のキャプテン像にとらわれるばかりに、自分自身の心も体も追い込んでしまうのはNG。まずは自分の心の状態を把握し、アスリートとしてのタイプを理解することで、優れたキャプテン、選手としても活躍できる。

アスリートの心の構造を理解する

自分の心を理解するためには、どんな手法をとればよいだろうか。「スマートフォン＝心」として例えるなら、スマートフォンが動かなくなったとき、まずは「バッテリーはどこ？」「充電コードはどこ？」など、スマートフォン自体の構造を知りつつ、原因を突き止めないと起動することはできない。「心の構造」を理解することからスタートしよう。

理解することが大切。自分の心の状態を知り、スポーツノートに向き合いながら、マイナスの感情をコントロールすることで、試合に勝っても負けても平常心をキープでき、ストレスの原因にもなるチーム内の人間関係におけるトラブルを未然に防ぐことができるのです。ここからは自分がどのような心の持ち主か、アスリートのタイプ別に分けて考え、ノートへの取り組み方をアドバイスしていきます。

POINT 02

アスリートのタイプを決定づける 5つの自我状態を理解する

交流分析理論でアスリートの心を知る

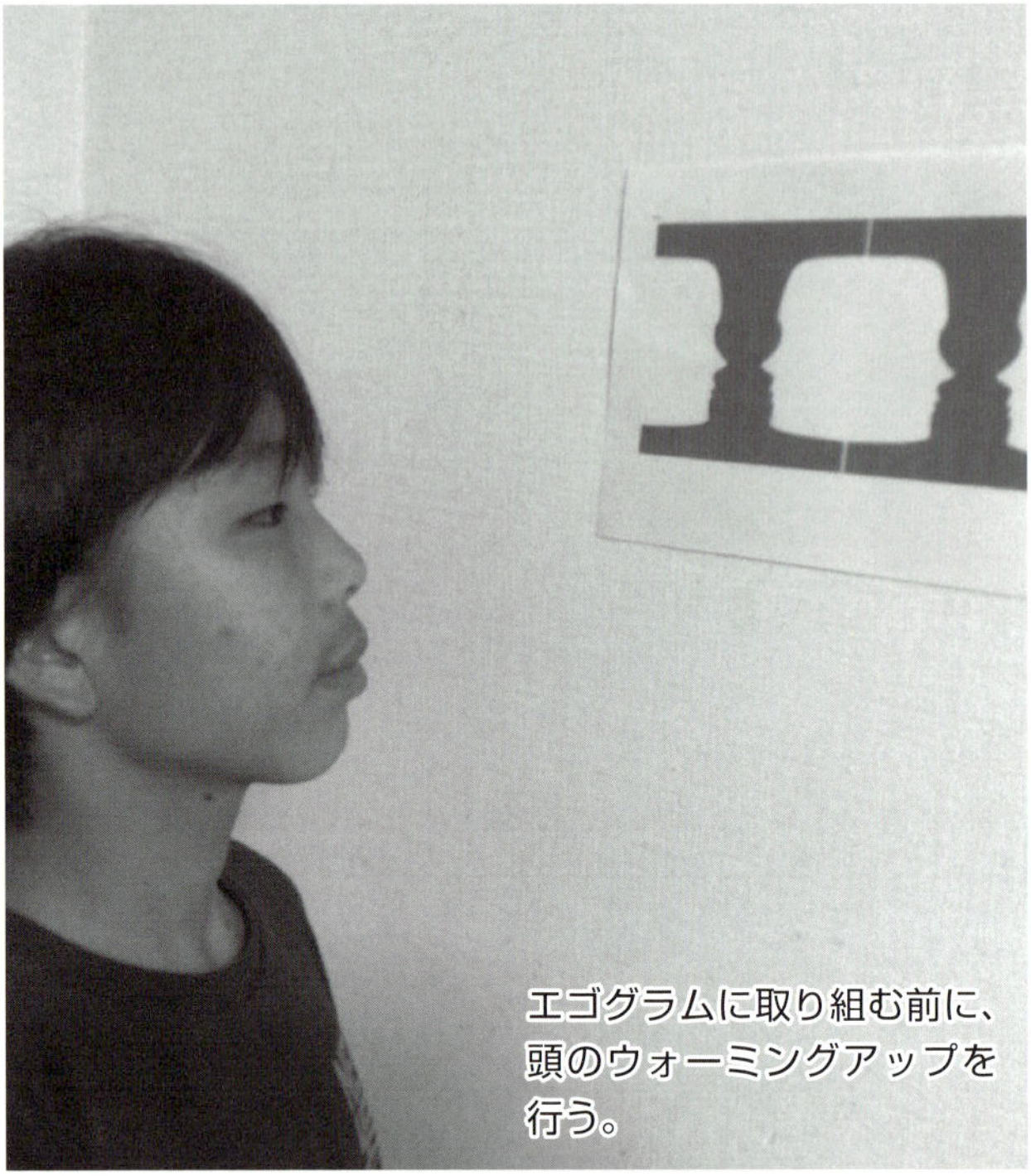

エゴグラムに取り組む前に、頭のウォーミングアップを行う。

人間の心と構造を理解する方法として、「交流分析」があります。交流分析とは精神分析を基にした心理療法のひとつで、1950年代後半に精神科医のエリック・バーンが提唱したものです。

現代においても多くのアスリートのメンタルを理解するために指導現場で用いられています。

交流分析の理論では、人間の心は「批判的な父親（CP）」「養育的な母親（NP）」「自立した大人（A）」「順応した子ども（AC）」「自由奔放《じゆうほんぽう》な子ども（FC）」という、5つの異なる自我状態《じがじょうたい》で構成されています。

その5つの自我状態のなかで、どの自我状態がどのくらい機能するかで、人間の行動や感情も変わってくるといわれています。

つまり、**自我状態を知れば自分の行動や感情をコントロールでき、さらには相手の自我状態を把握できれば、それに対して自分はどの自我状態を働かせ**

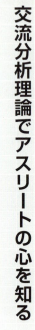

MEMO 1

自分の心を客観的に見る

「自分の考えは正しい」「○○でなければならない」などという思いこみや凝り固まった思考をほぐすことが大切。上の絵は「後ろを向いた貴婦人」、または「鼻の大きな老婆」と答えるだろう。答えは「どちらに見えてもよい」のだ。むしろ、「どちらにしか見えない」のは、柔軟な思考ができていない。

MEMO 2

思考回路を柔軟にしスイッチを切り替える

上の図をじっと見ていると、砂時計と人の横顔が見えてくるはず。頭の中で切り替えをして、図柄を片方ずつ認識してみよう。このスイッチングがスムーズにできれば思考回路が柔軟な証拠。どちらかの図柄にしか見えない人は、あわてずに、視点を変えてみたりすると効果的。

れば良いのか、という対処も可能になるのです。

ノートをつけていく過程でもその点を理解していると、より内容の濃いものになってくるでしょう。次ページ以降では、交流分析における、心の構造を分析するために用いられる「エゴグラム」で心の状態を探りましょう。

エクササイズで頭をほぐす

次ページでアスリートがエゴグラムに取り組む前には、MEMO ①②のような頭のエクササイズになるウォーミングアップをすることがおすすめ。入念に頭をほぐすことで、ノートに書く内容が感情に流されず、他者からのアドバイスや忠告にも柔軟に対応できるというメリットがある。

POINT 03

テスト結果をしっかり受け止めて改善や調整をしていく

エゴグラムの設問に回答する

50の質問に答えて、自分の自我構造をチェック。

ここからは自分の自我《じが》構造を分析してみましょう。心療《しんりょう》内科医である芦原睦先生が作成された「SGE（セルフグローアップエゴグラム）」を紹介します。このテストは自分の心を知り、自分を成長させることを目的としています。たとえば、競技環境においてメンタルトレーニングの専門家や心理カウンセラーがいないというアスリートであっても、このテストを利用して自己分析と自己成長をすることができます。

せっかくエゴグラムをやっても、結果に対して何の対処もしなければ、ただの知識で終わってしまいます。知識は使わなければ意味がありません。結果を受け止め、改善や調整をしながら競技やノート活用に生かしていくことが重要です。

セルフ・グローアップ・エゴグラムで自我状態をチェックする

設問は全部で 50 問あります。深く考えこまずに、「はい」は○（2 点）、「いいえ」は×（0 点）、「どちらでもない」は△（1 点）をつけます。できるだけ○か×で直感的に答えるとより精度の高い診断結果になります。
※本をコピーして記入してみよう

A　A（Adult）自立した大人

①何でも、何が中心問題か考え直します。	
②物事を分析して、事実に基づいて考えます。	
③「なぜ」そうなのか理由を検討します。	
④情緒的というより理論的です。	
⑤新聞の社会面などには関心があります。	
⑥結末を予測して、準備をします。	
⑦物事を冷静に判断します。	
⑧わからないときはわかるまで追求します。	
⑨仕事や生活の予定を記録します。	
⑩他の人ならどうするだろうかと客観視します。	

計（　　）点

FC　FC（Free Child）自由奔放な子ども

①してみたいことがいっぱいあります。	
②気分転換が上手です。	
③よく笑います。	
④好奇心が強い方です。	
⑤物事を明るく考えます。	
⑥茶目っ気があります。	
⑦新しいことが好きです。	
⑧将来の夢や楽しいことを空想するのが好きです。	
⑨趣味が豊かです。	
⑩「すごい」「わぁー」「へぇー」などの感嘆詞を使います。	

計（　　）点

CP（Critical Parent）批判的な父親

①間違ったことに対して、間違いだと言います。	
②時間を守らないことは嫌です。	
③規則やルールを守ります。	
④人や自分をとがめます。	
⑤「～すべきである」「～ねばならない」と思います。	
⑥決めたことは最後まで守らないと気が済みません。	
⑦借りたお金を期限までに返さないと気になります。	
⑧約束を破ることはありません。	
⑨不正なことには妥協しません。	
⑩無責任な人を見ると許せません。	

計（　　）点

AC（Adapted Child）順応する子ども

①人の気持ちが気になって、合わせてしまいます。	
②人前に出るより、後ろに引っ込んでしまいます。	
③よく後悔します。	
④相手の顔色をうかがいます。	
⑤不愉快なことがあっても口に出さず、抑えてしまいます。	
⑥人によく思われようと振る舞います。	
⑦協調性があります。	
⑧遠慮がちです。	
⑨周囲の人の意見に振り回されます。	
⑩自分が悪くもないのに、すぐ謝ります。	

計（　　）点

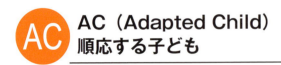

NP NP（Nurturing Parent）保護的な母親

①思いやりがあります。	
②人を褒めるのが上手です。	
③人の話をよく聞いてあげます。	
④人の気持ちを考えます。	
⑤ちょっとした贈り物でもしたいほうです。	
⑥人の失敗には寛大です。	
⑦世話好きです。	
⑧自分から温かくあいさつします。	
⑨困っている人を見ると何とかしてあげます。	
⑩子どもや目下の人を可愛がります。	

計（　　）点

■各自我状態の長所と短所（テストで導き出した、点数を下段に記入する）

CP	NP	A	FC	AC

長所

理想を追求	相手を承認	理性的である	天真爛漫である	協調性に富む
良心に従う	共感する	合理性を尊ぶ	好奇心が強い	妥協性が強い
秩序を維持	保護・養育する	冷静沈着	直感を尊ぶ	いい子である
道徳を尊ぶ	同情する	事実に従う	活発である	従順である
責任を持つ	受容する	客観的に判断する	創造性に富む	慎重である

短所

偏見を持ちがち	過保護である	機械的である	自己中心的である	遠慮がちである
批判的である	過度に干渉する	打算的である	我がままである	依存心が強い
支配的である	押し付ける	無味乾燥である	傍若無人である	我慢する
排他的である	自主性を奪う	無表情である	動物的である	自主性に乏しい
独断的である	甘やかす	冷徹である	感動的である	敵意を隠す

CP：　点	NP：　点	A：　点	FC：　点	AC：　点

POINT 04

自分の弱点を知って対処法を準備する

各自我状態《じがじょうたい》の特徴的な機能

CP	NP	A	FC	AC

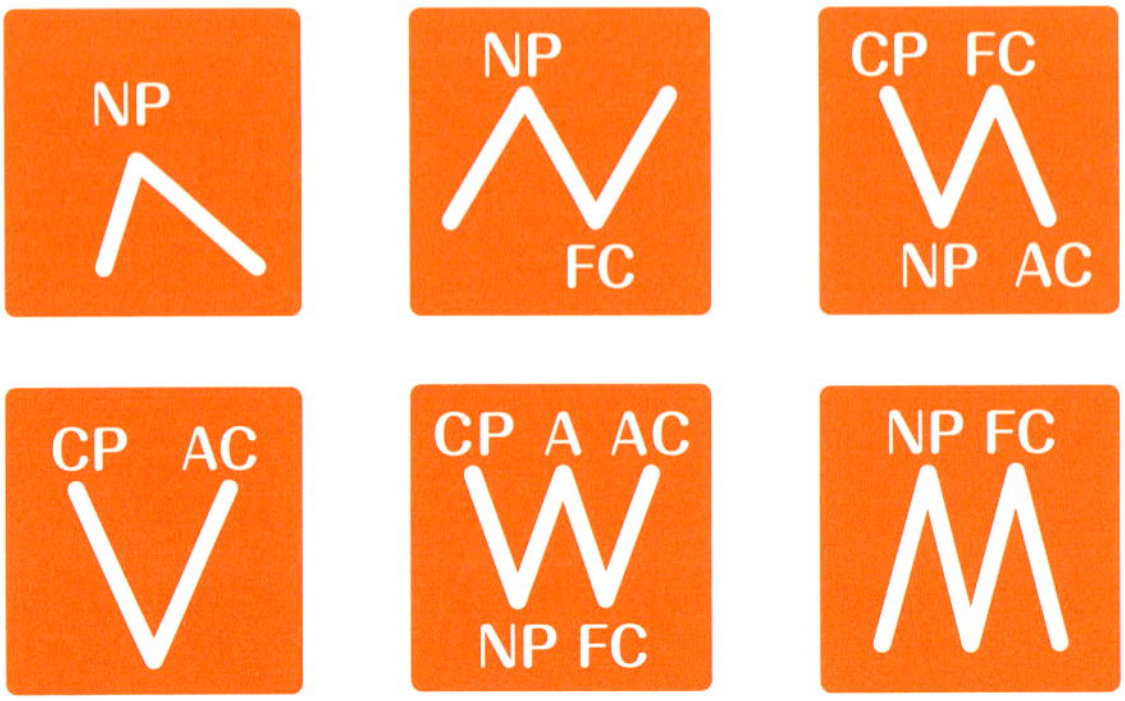

左からCP、NP、A、FC、ACの順に並べ、各点数の上下で簡易的なグラフを描く。

5つの自我状態には長所と短所があるので、どの診断パターンが優れている・劣っているということはありません。**大切なのはバランスですから、本人が自分の特徴を理解して、自我をコントロールし、試合で最大限のパフォーマンスを発揮させるかが重要です。**

エゴグラムの診断パターンは、細かく見ていけば何百パターンとあります。たとえば、診断結果でFCが高くAが低い柔道の選手は、試合でうまくいかないときに「技がかからない、もう負ける！」という具合に感情的になる傾向がみられます。しかし心のコントロールタワーであるAの自我を発揮《はっき》することで、試合の流れを冷静に受け止めて分析し、さらには相手の嫌がるような技を繰り出そうと考える余裕ができるのです。

POINT 05

人間関係のトラブルが少なくチームの中に難なく溶け込める

典型パターン①ヘ型タイプ～人との衝突が少ない円満パターン

同情・共感・受容などの自我を表すNPが頂点に突出した「ヘ型タイプ」の人は、常識があり相手への思いやりの気持ちが大きいため、人間関係におけるトラブルが少ないことが特徴。このタイプのアスリートは、指導者やチームメイトとの衝突《しょうとつ》があまりなく、団体競技でもうまくやっていくことができます。

対人的なトラブルが少なく、「養育的なお母さん」ともいえるタイプなので、**ノートに書く内容については自分にも優しく、ときには愚《ぐ》痴《ち》や弱音を吐くようなこともあってよいでしょう。**

逆に練習や試合の場面において、指導者やチームメイトと感情的になって言い争いになる傾向が強いアスリートの特徴は、FCが高くNPとAが低くなっている場合があります。対策としては、AとNPの機能を高める努力をしてみましょう。

POINT 06

気持ちの切り替えが苦手でいつまでも失敗を引きずる

典型パターン②N型タイプ～自分よりも相手のことを優先する献身《けんしん》パターン

NPが高く、好奇心や活発さなどの自我を表すFCが底辺に落ちている「N型タイプ」の人は、相手に対する思いやりや配慮《はいりょ》は十分にあるのですが、自己否定に陥《おちい》りやすいタイプです。

このタイプのアスリートは、試合中にミスをしてしまったときなどの気分転換が苦手で、試合が終わってからもそのミスをずっと引きずってしまう傾向にあります。

もちろん、相手を思いやる気持ちは大切ですが**「どうすればプレーを楽しめるのか」を自分自身に問いかけ、もっと自分の気持ちを素直に表現することを心がけて、FCの自我《じが》を積極的に使うことをお勧めします。**

ノートに書くときは、冷静になって試合を振り返れるタイミングがよいでしょう。

POINT 07

確固たる自信ゆえに頑固者の印象を持たれがち

典型パターン③逆N字型タイプ～自分の意見をはっきり言う自己主張パターン

責

任感があり良心に従うという機能のCPと、自由奔放なFCが非常に高く、NPとACが低い「逆N字型タイプ」の人は、自己主張が強い傾向がみられます。

このタイプのアスリートは競技においても「自分のやり方は間違っていない！」と確固たる自信を持っているため、周囲からは「かなりの頑固者」と印象を持たれてしまうことが多いでしょう。人間関係のトラブルを減らしたい場合は、論理的なAと養育的なNPを高めることで「冷静でワイルドな」プレーヤーに進化します。

自分の意見を相手に押し付けるだけでなく、人の考えにも耳を傾けること意識し、ノートにまとめて行きましょう。

POINT 08

葛藤《かっとう》を繰り返すことでストレスが蓄積していく

典型パターン④V型タイプ〜完璧を求めるが口に出せない葛藤パターン

両端のCPとACが高い「V型タイプ」は、CPが高いので、「〜であるべきだ」「〜でなければならない」と思いこみます。また、自分や相手に対しても完璧であることを求めます。しかしACが高いため、コーチや先輩から自分の意に反した命令をされても口に出せないというジレンマを抱えることになり、爆発する恐れもあります。

このタイプのアスリートは、批判を口にすることは少ないので人間関係のトラブルはあまり起こすことはありません。**ノートでも書く内容がとても論理的で整理されています。しかし、いつも自分のなかで葛藤を繰り返すことでストレスになってしまいます。**

理性・合理性の自我《じが》のAを中心に、NPとFCを高めることで、葛藤から解放されます。

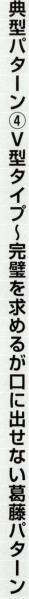

POINT 09 理想が高くなかなか結果に満足することができない

典型パターン⑤W型タイプ～高い理想を追い求める苦悩パターン

両端のCPとACが高く、Aも同じくらい高い「W型タイプ」は、CPが高いため目標を高く設定し、それを着実に実行していきます。

このタイプのアスリートは、FCが低いので自分の出した試合結果や記録に対して、すんなり満足することができず「もっと頑張れたはず…」と自責《じせき》の念すら抱きかねません。

さらに、NPとFCが低いために、人と喜びや楽しみを共有することが苦手なので、ストレスを感じやすい傾向がみられます。NPとFCを高めることで、ストレスを上手に発散することができるようになります。

行き詰ったら過去のノートを見直し、「輝く自分」に進化するためのキーワード、パスワードを探してみましょう。

POINT 10

理性・合理性のAが低いと物事を冷静に見ることができない

典型パターン⑥M型タイプ～明るく思いやりがある明朗パターン

ほかの自我状態に比べてNPとFCが高い「M型タイプ」は、明るくて朗《ほが》らかな人が多く、自分のことより他人のことを優先する面倒見のよい人です。

このタイプのアスリートは、チームの中でもムードメーカー的な役割を果たすことができます。しかし、極端にAが低い場合、物事を客観視することが苦手な人が多いようです。

そのため、試合に負けたときはメンバーの辛い心情や涙に敏感《びんかん》に反応し、冷静に敗因を考えることができず、適切な判断が出来なくなる場合があります。論理的なAを高めて、適切な判断をすることができれば鬼に金棒です。

ノートについても指導者に見てもらうなど、客観的な目を意識することでAを刺激すると効果的。

POINT 11

リーダーシップをとれるが相手のやり方を認めない

典型パターン⑦右下がり型タイプ～他人の考えを認めない頑固パターン

C

Pが頂点でそこから右下がりになり、ACが低いのが「右下がりタイプ」です。人により、形状に多少の違いはありますが、ほとんどの場合、ACが一番低くなります。

このタイプのアスリートは、責任感が強く親分肌なので、チームの中でリーダーシップをとることができます。しかし、頭が固く柔軟性が乏しいため、相手のやり方を認めなかったり、気に入らなければすぐに怒り出したりします。

FCとACを高めることで、協調性や創造性を培《つちか》うことができます。**ノートに書くときも、独断で決定しないで、一度、メンバーの立場に立って考えることが大切です。そうすることで、人の考えを尊重《そんちょう》できる、誰からも信頼される真のリーダーになることができるはずです。**

POINT 12

手を使ってノートに書き内容を行動に移す

脳を働かせることで行動力がアップする

パソコンやインターネットがなかった時代、単語や言葉を調べるときは「辞書」や「辞典」を手掛かりにして答えを探したものです。しかし、技術の進歩とともにスマートフォンが普及し、今では日常生活のなかで切っても切れない存在となりました。

「調べもの」についてもとても重宝しています。意味や内容がわからない情報があれば、スマートフォンで検索することで、簡単に答えにいきつくことができます。使い勝手の良いとても便利なツールと言えるでしょう。

しかしながら、簡単に答えを導き出せるために、記憶の定着率が低いというデータがあります。調べた単語の意味を思い出せるかどうかのテストでは、スマートフォンよりも紙の辞書の方が定着率は高く、結果も大きく上回ったというのです。

簡単に調べものができてしまう便利なスマートフォン。スポーツノートに取り組むときは机に向かう方がよいだろう。

このときの脳の活動を見てみるとスマートフォンでは大きな動きがなかったのに対し、紙の辞書で調べているときは前頭前野が活発に働いていることがわかりました。
もしも、あなたが大きな夢や目標を定め、行動に移すためには、乗り越えるためのポイントや注意点、自らの「気づき」があるはずです。これらを書き込むスポーツノートは、スマートフォンにメモをするのではなく実際に手を動かし、書き入れることがベストと言えるでしょう。

脳の記憶する能力をスマートフォンが奪う!?

スマートフォンで調べた情報は、仮に忘れてしまっても後から簡単に調べ直しすることができるため、脳が記憶しようとしない。この現象を「Google 効果」、「デジタル性健忘」という。本来、脳が持っている記憶機能をスマートフォンに頼ってしまっている状態と言える。

MEMO 1

手を使うことで脳が活性化される

前頭前野の動きを見たとき、「何もしていないとき」と「スマートフォンの調べもの」をしているときでは、同じように大きな変化はなく、脳は活発ではない。一方、紙の辞書を使った調べものでは、前頭前野が活発に働くというデータがある。

MEMO 2

パソコンを使い過ぎると学習能力が低下する

経済協力開発機構（OECD）が実施した世界の 15 歳の子ども約 54 万人を対象とした調査によると、学校にあるコンピュータの数が多い国ほど、学力が低いという結果が出たという。タブレットやデジタル機器を授業に導入する日本でも心配なデータだ。

POINT 13

新しいテクノロジーを駆使しオリジナルなノートを作成する

新しいものを拒絶せず時代に適応する

スポーツノートをはじめた当初は、ノートを開いたところで「何を書けば良いのだろう…」とフリーズしてしまうこともあるかもしれませんね。そんな人は、積極的に最新テクノロジーを活用しても良いかもしれません。現代のAI技術の進歩は目覚ましく、生成AIは人間と同じように自然な会話することが可能です。こちらがオーダーすれば、叩き台（下書き）以上のクオリティーで文章を仕上げることができます。

ただし注意点がひとつ。前ページで解説したように、何かチャレンジしたいことがあれば、脳を働かせた上でポイントや注意点、やるべきことを理解しなければなりません。

そのためには実際に「手を動かす」ことが大切です。生成AIを使ったとしても自分の目で見て推敲し、紙のノートに書き写す方が良いでしょう。

人工知能（AI）を活用することで効率がアップする。上手に活用しながら自分ならではのオリジナルノートを作成する。

これでも「手抜き感」がぬぐえないかもしれませんが、決して悪いことではありません。人類の歴史を振り返ると、新しい文化やテクノロジーを取り入れようとするとき、必ずといってよいほど反発が起こるもの。生成AIも例外ではありませんが、今ではアカデミックな現場においても積極的に活用しようという動きがあります。新しいものを拒絶せず、上手に活用して時代に適応することが、生き残っていく術になるのかもしれません。

新しいものを柔軟に取り入れる

第1次産業革命で技術が大幅に革新することで、大量生産やコストの削減、品質の向上がはかられた。一方、職を失った労働者たちはこれに大きく反発する。産業革命に限ったことではなく、パソコンやインターネット、生成AIなど新しいものを柔軟に、上手に取り込むことができたとき、人間は大きく進歩すると考えよう。

MEMO 1

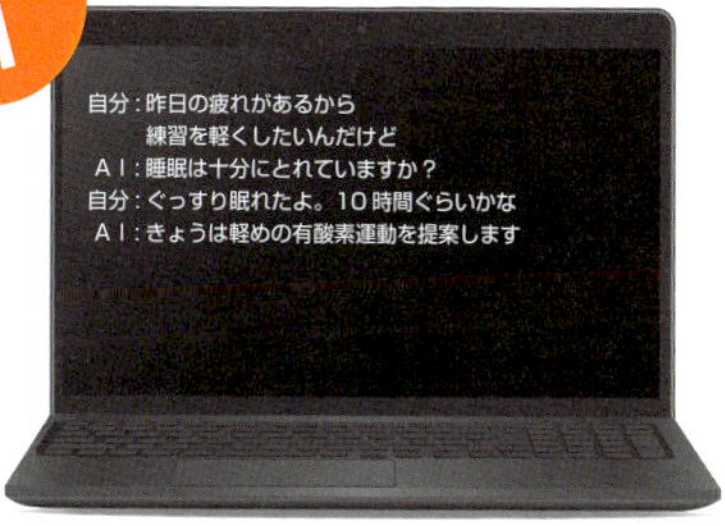

相互方向のやり取りで答えを導き出す

生成AIには、自然言語処理（NLP）技術があり、人間の言葉を理解することができる。自分で端末などを操作し、調べものを「検索」するのではなく、人とAIとの相互方向のやり取りにより、求める答えを導き出すことができる。

MEMO 2

具体的な質問で欲しい情報を得る

生成AIを上手に使いこなすには、曖昧な表現を避けることが大事。目的を明確にすることで答えの精度が高くなる。例えば「上半身の筋力アップに必要なトレーニングメニューは？」「試合の日に摂るべき朝食は？」などと問いかけてみると良いだろう。

POINT 14

インタビューを受けたつもりで音声を録って聞き返す

試合後の興奮が落ち着き、冷静な振り返りができる

アマチュアで活躍するアスリートのみなさんは、試合後にテレビや新聞のインタビューを受けたり、自らのプレーを客観的に振り返ることは少ないかもしれません。しかし練習試合はもちろん、公式戦であっても、ゲーム後の振り返りは大切な作業です。

　あるプロゴルファーがホールアウト後、急きょ大会の中継でテレビの解説をつとめることになりました。その日の同プロの成績は、とても満足のいくものではありませんでしたが、徐々に心境の変化が起こりました。最初は勝てなかったことに少しイライラしながら話していたものの、実況アナウンサーとやり取りを続けていくうち、プレーを冷静に振り返り、自分のエラーや課題が浮き彫りになったのです。解説を終えた後の大会で好成績を収めることができたのは、ゲームの振り返りがとても効果的だったと

インタビューを実演するときは、アナウンサーの質問を用意して取り組むと良いだろう。想定した質問に自分がしっかり答えることで頭を整理する。

言えるでしょう。
このエピソードは、スポーツノートに試合の振り返りを書き、その内容を次の練習や試合に活かすプロセスと同じです。試合後の興奮が落ち着き、冷静になって振り返ったときに反省材料や課題が明確になるのです。スポーツノートにうまく表現できないときは、インタビューを受けたつもりでスマートフォンなどに音声を録音してみてはいかがでしょうか。

自主的に振り返ることでアスリートの成長を促す

「振り返り」はアスリートが自主的に行えることが理想。試合直後にコーチが良かった点、悪かった点をすべて指摘してしまうと、アスリート自身の成長につながらない。試合後のミーティングやノートを書くときに冷静な振り返りができことが次へのステップアップにつながる。

MEMO 1

インタビューを受けたつもりでボイスレコーダーに吹き込む

インタビューでは、敗因やミスした原因や状況判断、プレーの詳細など、覚えていることを順序立ててレコーダーに吹き込んでいく。使用するのはスマートフォンのボイスレコーダーのアプリが良いだろう。慣れないうちは質問リストを用意しても良い。

MEMO 2

インタビュー音声を聞き返しノートに書き写す

インタビュー形式にすることでプレーを客観視できる。続けてくうちにうまく行かなかった場面、ほかに効果的なプレーの選択肢があった場面など、冷静になった自分がインタビュアーとなって問いかける。録音した音声を聞き返し、ノートにまとめていく作業も効果的。

POINT 15

自分の体と脳の特性を知ってパフォーマンスに活かす

体と同じように脳（メンタル）の状態を把握する

トレーニングを積んだ意識の高いアスリートになると、その日の体の微妙なコンディションを把握し、試合に向けてしっかり準備することができます。しかし脳（＝メンタル）については、それほど気に掛けるアスリートは少ないかもしれません。

しかし筋肉と脳については、同じことが言えるでしょう。トレーニングをすれば発達しますし、使わなければ衰えてしまうのです。アスリートが自分の体に対して敏感なように、脳に対しても正しいアプローチが必要。自分の脳の特性を理解し、試合前にどのようなメンタル状態にあるか把握する、理解することがパフォーマンスの向上につながります。

例えば脳の機能です。左脳は言語や計算力、論理的思考を担う脳と言われ、右脳は情報を知識として認識し、整理する役割を担います。自分が「左脳タ

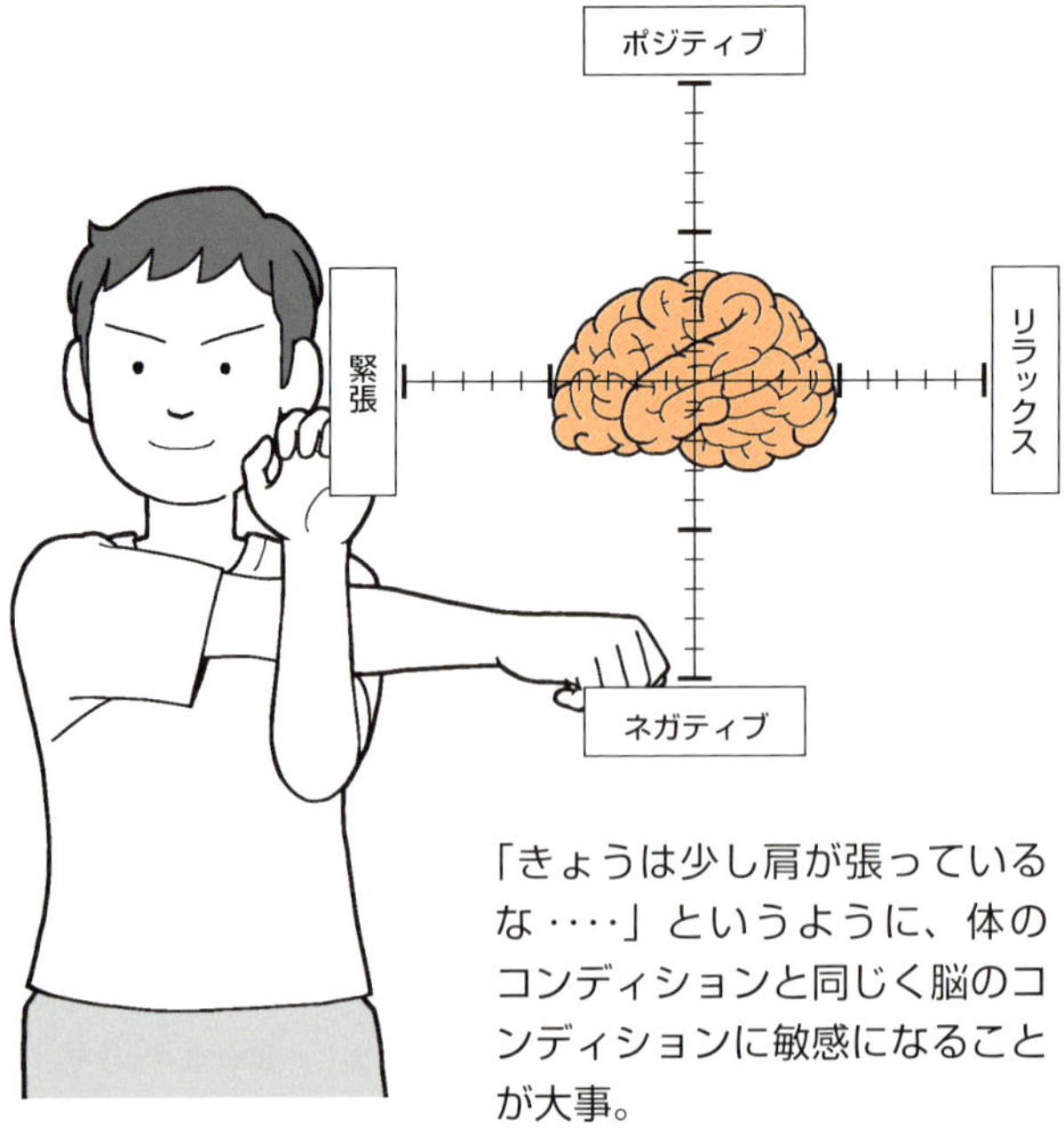

「きょうは少し肩が張っているな‥‥」というように、体のコンディションと同じく脳のコンディションに敏感になることが大事。

イプ」か、あるいは「右脳タイプ」であるかを知っておくだけで大事な場面での脳（＝メンタル）の準備も変わってきます。

特に試合では、適度な緊張感を持ちつつも、体はリラックスした状態であることが、高いパフォーマンスを発揮する秘訣と言われています。理想的なリラックス状態に体を導くには、メンタルの安定が欠かせません。メンタルと体は密接な関係があるのです。

利き手でわかる右脳・左脳の関係

手足は脳からの指令で動くが、「利き手」は使いやすいほうの手であることが前提にあり、脳の働きとダイレクトな関係があると言われる。つまり右利きは、左脳からの伝達系統が優位であり、左利きは右脳からの伝達系統が優位であることを示しているという。

MEMO 1

イメージで記憶して右脳を働かせる

右脳は情報をイメージとして認識し、整理する役割を果たしている。イメージ力や記憶力、想像力、視覚・聴覚などの五感にも関係し、感情のコントロールや音・色の違いを認識したりする。イメージで記憶することで左脳の数千倍の情報が処理できる。

MEMO 2

右脳優位な状態で持っている力を発揮する

リラックスしているときは、脳からアルファ波が出ている。アルファ波が出ているとき、集中力が高く、脳は右脳優位の状態にあるという。スポーツはもちろん、ビジネスや音楽などで求められる感性は、右脳を活性化することで能力を発揮することができる。

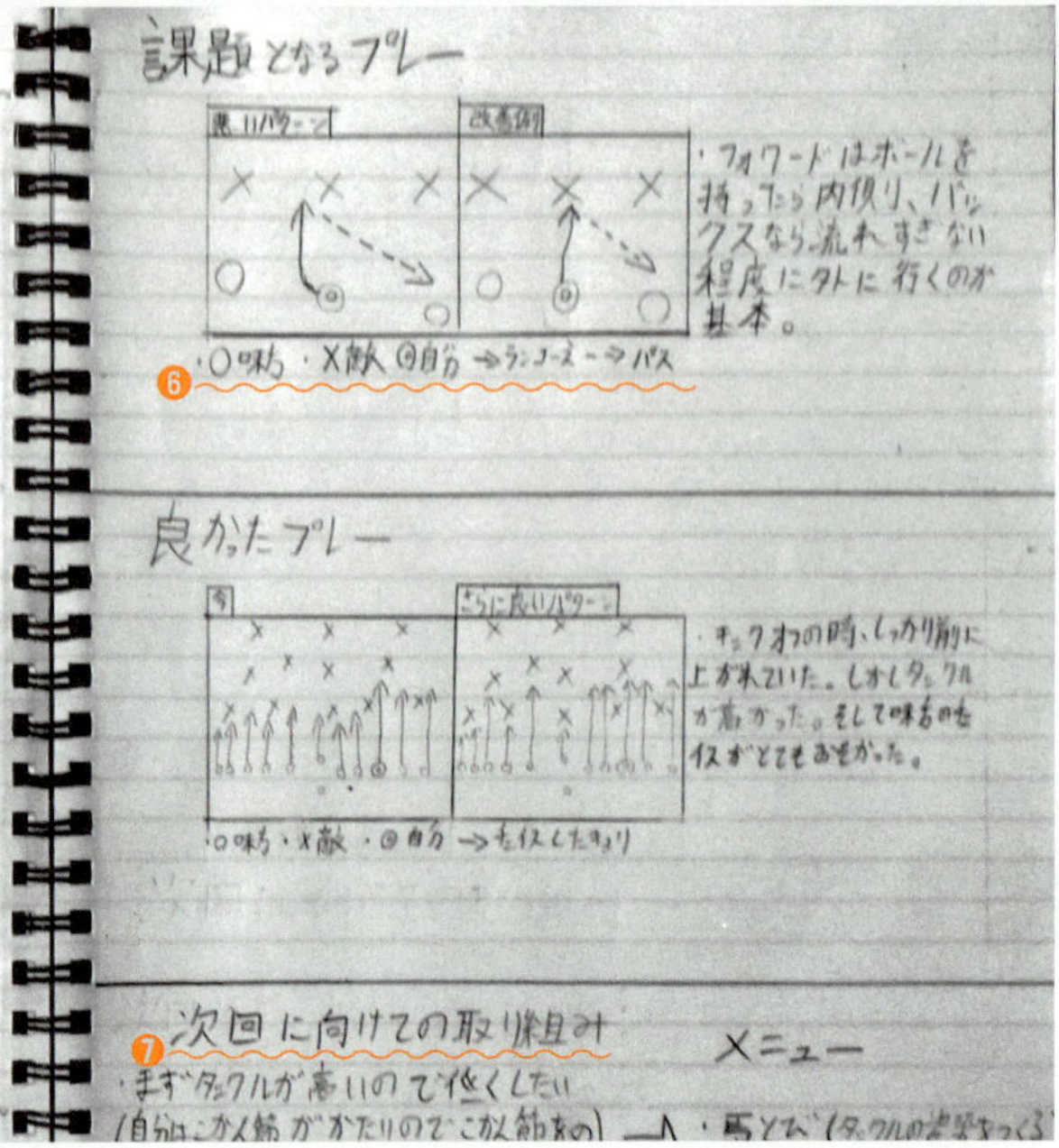

POINT 16

時間が経過しても"財産"となるノートづくり

後から読み返したときに見やすいノート

ここまで解説してきたように、スポーツノートでは、アスリート・競技者として目指すべき目標やトレーニングの記録、取り組み方、試合の反省などを記入し、ときには必要なスキルを習得するためのポイントや考え方をまとめていきます。

しかし、それだけがスポーツノートの役割ではありません。スポーツノートに書き込んだ文章や情報のすべてが、振り返って見たときに貴重な財産となることを理解しましょう。

競技生活で悩んだり、苦しんだり、大きな壁に阻まれたとしても何とか乗り越えてきたプロセス、勝ったときの喜びや感動、そしてノートを通じて手に入れた気づきの数々は「スポーツ＝競技」の枠組みを跳び越えた、あなたオリジナルの成長記録となります。

貴重な財産となるすばらしいノートにするためのヒントやポイントを整理します。書き方の例をいく

以下の項目を書き込んでノートをまとめてみよう！

❶ノートを書いた日付と時間

❷試合や練習を行った場所と時間
※天候、グラウンドコンディション

❸体温や体重、体脂肪率など

❹試合結果あるいは練習内容
※練習メニュー、回数や本数、タイムなどの記録

❺試合・練習結果に対してのコメント

❻具体的な図やイラストの記入

❼課題や次回以降の取り組み

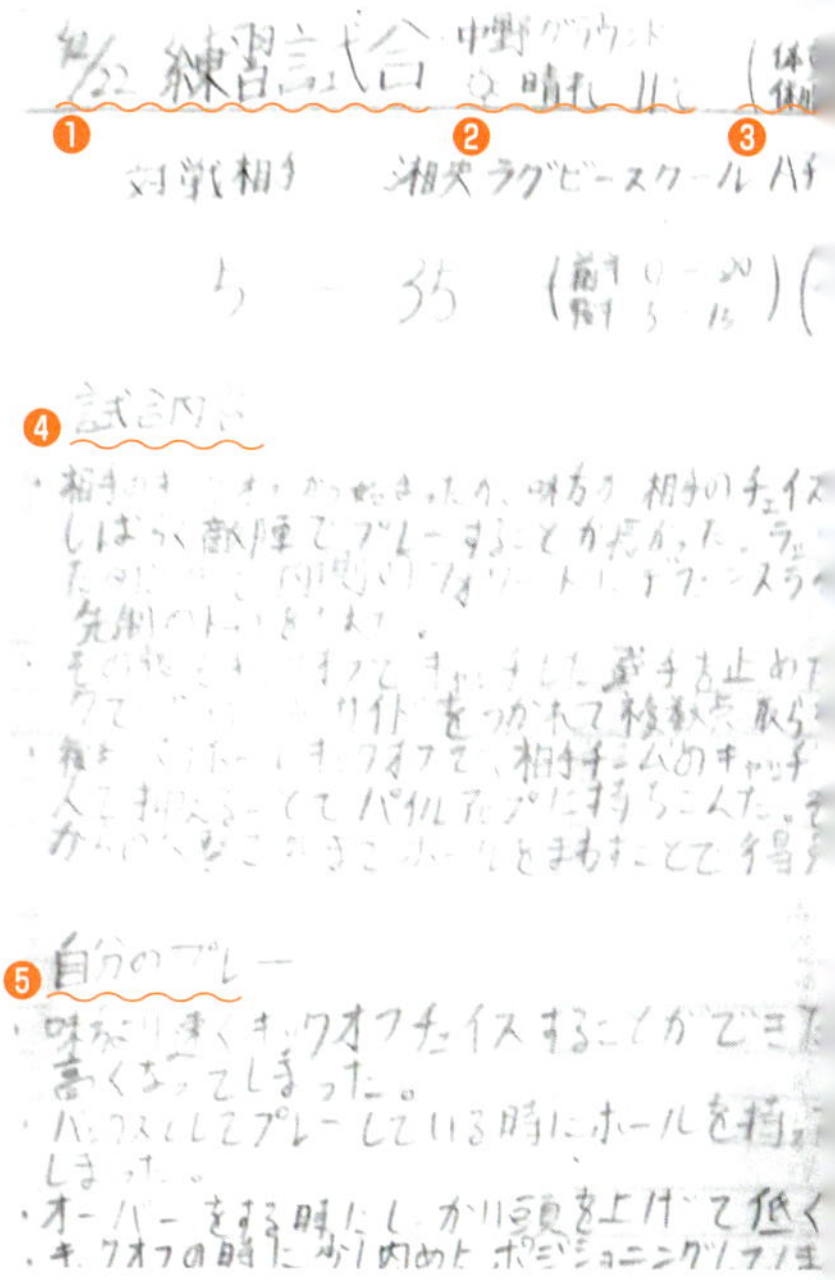

MEMO 1

基本的な情報をできるだけ細かく書く

いつ、どこで試合（練習）を行ったのか、グラウンドや天候、自分のコンディション、試合結果や練習内容についても詳しく書き込む。そうすることで単なる日記ではない「競技記録」としてのノートが成立する。積み重ねて今日より明日、1週間・1か月・1年後の大きな成長を目指す。

MEMO 2

自分の考えや思いをダイレクトにノートに伝える

ノートを書く上で大切なのが、いかに自分自身が競技に向き合ってきたかというプロセスであり、自分の考えや思いをノートに書くこと。勝敗に関わらずそこで得られたものを書きとめることがポイントになる。試合結果や練習についての感想・コメントは入口の1つと言える。

POINT 17

自分なりの使い勝手が良いスポーツノートをつくる

競技別のスポーツノート記入例

アスリート全般として競技力向上を実現するためには、トレーニングメニューやコンディションの管理など、基本的な情報や記録しておきたいポイントがいくつかあり、ここまで解説してきました。これに加えて競技・種目別においてのオリジナルな切り口や使い方があるとノートの内容がさらに充実します。

スポーツには個人種目もあれば団体競技、ボールや道具を使う、使わないスポーツ、ネットを挟んだ対人競技や相手と組み合ったりコンタクトがあるスポーツもあります。競技のルールや特性を理解した上で、ノートを上手に利用できる方法を考えてみましょう。

それぞれのスキル向上のポイントやデータのまとめ方は、少しずつ変わってきますので、ノートに図やイラストを記入してまとめてみるのも良いでしょう。

MEMO 1

イラストや図を使って右脳を活性化する

頭で成功のイメージを思い浮かべ、次のプレー機会に活かすためには、イラストや図なども積極的に入れてみよう。特に右脳は情報をビジュアルとして取り入れることで、処理能力がアップする。研ぎ澄まされた感覚や一瞬のひらめきを養う。

攻守が明確な野球やソフトボール、アメリカンフットボールなど

攻守が明確に分かれているスポーツのグループ。攻撃・守備それぞれの場面で戦術的な狙いやプレーの選択に判断が必要になる。例えば野球の場合、投球のストライク・ボールやストレート・変化球の種類などを記入する配球表がある。

これは守備側からすると相手を抑えるためのノウハウであり、攻撃側からすると投手攻略のヒント。相手に打たれてしまったコースや球種、打ちとられたボールや手が出なかったコースなどを記録して次の機会に役立てる。

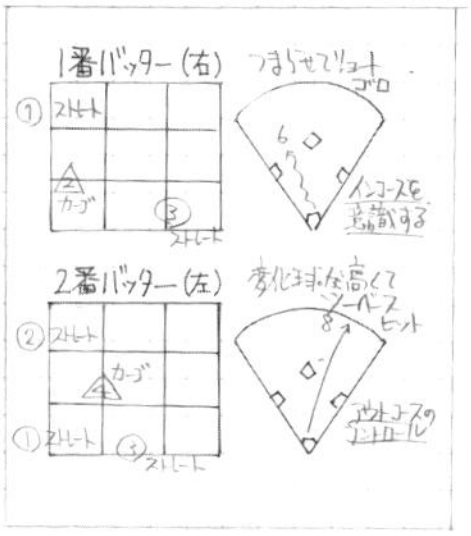

チームとしての連動性が求められるサッカーやラグビーなど

グラウンドに複数のプレーヤーが入り、相手ゴールを目指して戦う。サッカーの場合、フィールド上では基本的に足でボールを扱う点、ラグビーの場合は、ボールが楕円形でバウンドが予測しづらい、前方にボールを投げられないという制約のもとプレーする。

チームが勝利するためには、個々のプレーヤーのスキルの高さだけでなく、全プレーヤーがいかに連動するか、機能的に働くかがポイント。グラウンド図に人の動き、ボールの動きなどを記入し、グラウンドを俯瞰して見るのも効果的。

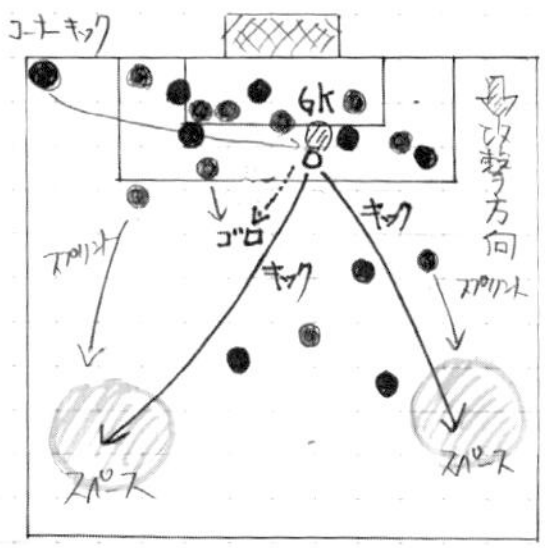

試合中にもデータを駆使する バスケットボールやバレーボールなど

高い身体能力を駆使するバスケットボールとバレーボール。どちらも球技ではあるがネットがあるところにやや違いがある。しかし相手の守備・ディフェンスをいかに崩していくか、どうやってポイントを獲っていくか、という点にフォーカスしたときデータの重視は避けて通れない。

バスケットボールにおいてはシュートの成功率から見る効果的なオフェンス、リバウンドの獲得数やボールの落ちるポイントなど。

バレーボールにおいてもスパイクの決定率から見たプレーの選択やブロックのポイントや配置などにもデータは求められる。

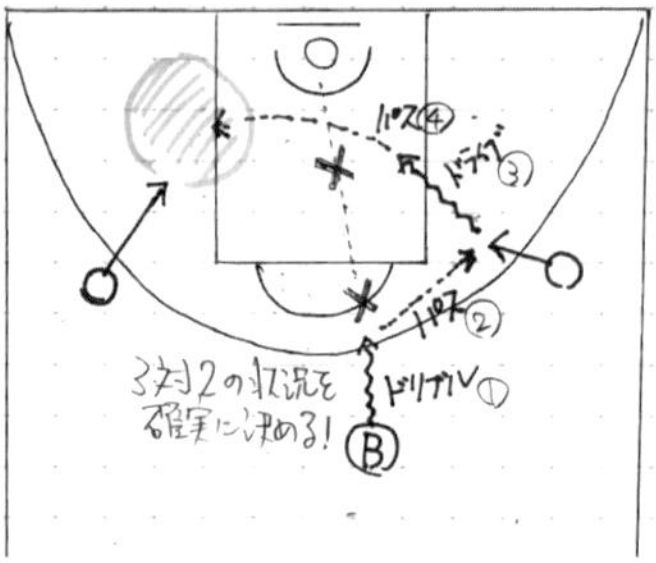

ネットを挟んだ駆け引きがある テニスや卓球、バドミントンなど

ネットを挟んで相手とラリーを行うスポーツは、いかに相手からエースを獲るかも大事だが、相手にチャンスボールを打たせるためのサービスやラリーでの駆け引きが重要になる。

特にサービスの球種やコースをどこに決めるかで、相手レシーブのコースを予測したり、次のショットでポイントを奪うことができる。ノートにはコート図を描いて効果的なサービスの軌道や変化、コースを描き込み、次の試合に役立てる。

レシーブでエラーがあったコースや球種は、練習によって克服することができる。

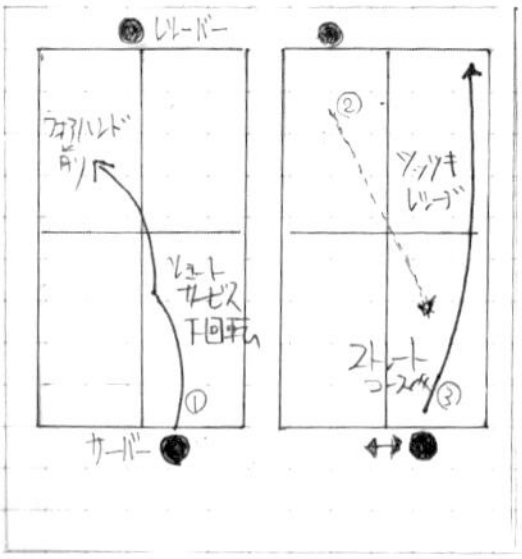

タイムや自分との戦いになる陸上競技や競泳など

大きな試合をコンディションのピークに仕上げていく個人競技。特に陸上競技や競泳はタイムや記録との戦いで、競技によってはコンマ何秒を縮めるために努力し、結果として報われないこともある。

練習メニューや体調・コンディションの管理以外にもノートに記しておくべきポイントはある。例えば体の使い方やフォーム、動作のコツなどをスマートフォンなど動画に録って、イラスト化しても良いだろう。

うまくいかない点、注意点についてもビジュアル化しておくことで次回の取り組み方が変わってくる。

感覚が重視される個人種目の競技

体操やフィギュアスケート、サーフィンのように個人で競う審美系のスポーツ、そして相手と１対１で戦う武道や格闘技のようなスポーツは、自分の体の感覚やメンタルの状況が重要視される。

試合で体が思い通りに動いたのか、動けなかったのは何に原因があったのか、体だけでなく心の部分まで踏み込みノートに書き込んでく。

技が上手に繰り出せたときの動作のメカニズムやコツをイラストにしても良いだろう。

ジュニアアスリートノート拝見

ここに三冊のノートがあります。持ち主は坂松作和君。小学校1年生からラグビーをしています。ラグビーはコンタクトスポーツで体が大きい選手が有利とされています。はじめた当初から体が小さかった作和君は、ノートに向き合いつつ、ラグビーに頑張って取り組んだ結果、Aチームのレギュラーポジションを手に入れたのでした。その努力の軌跡であるノートの一部を紹介します。

メンバーのなかでも小柄な作和君。どんな相手にも勇気を持ってタックル。考えて練習をしてきた成果が果敢《かかん》なコンタクトを可能にする。

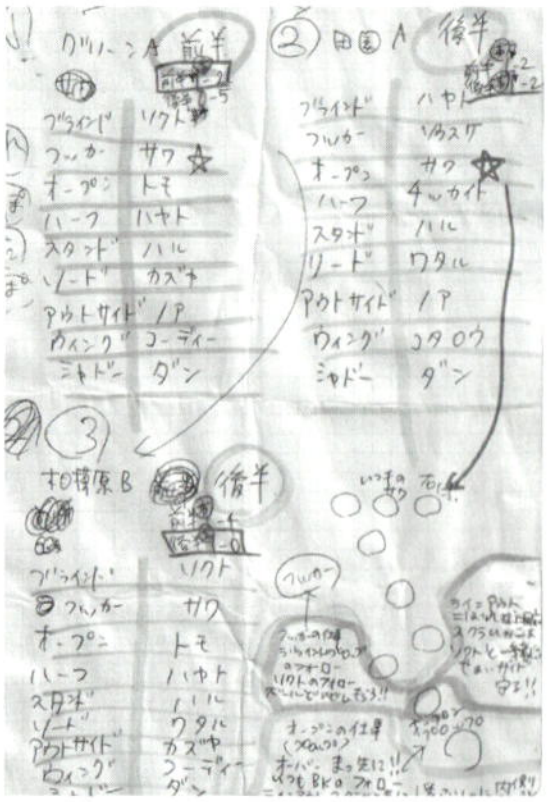

試合が行われた日は、ポジションや自分の動きを記載し、プレー内容を振り返る。

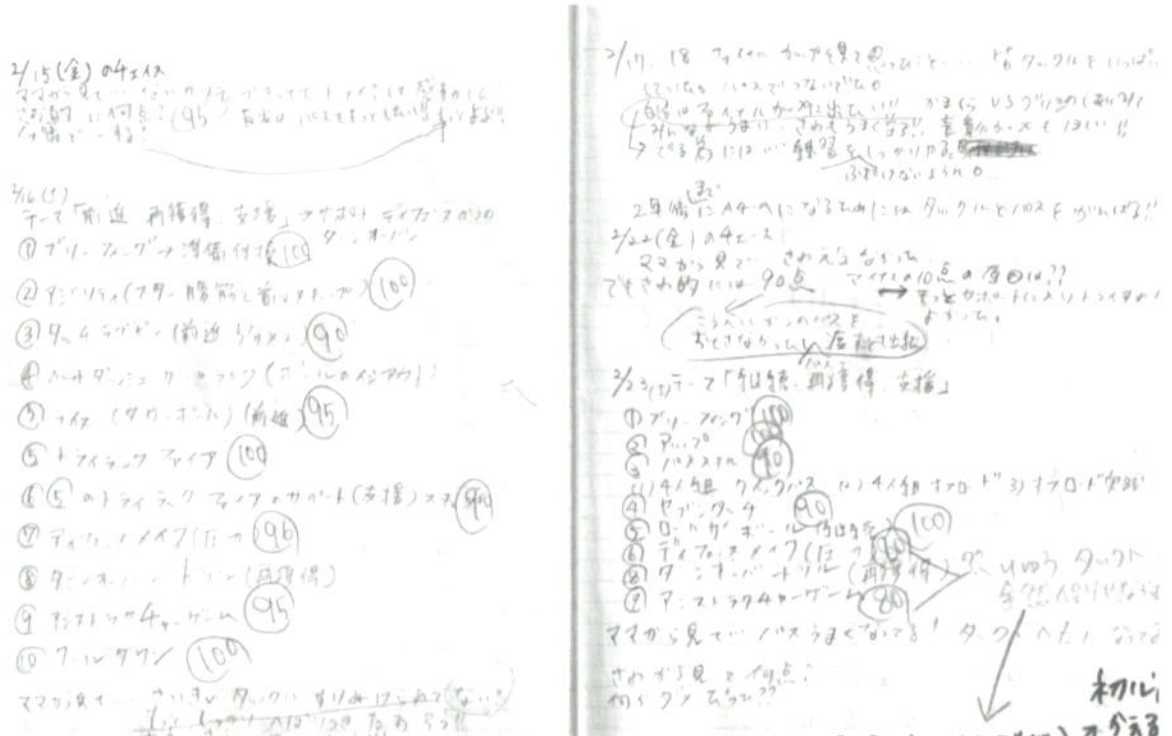

練習メニューを書き出し、点数をつけて自己評価。それに対し、両親からのコメントが記入されている。

ジュニアアスリートノート拝見

ミニバスのクラブチームの中山ＭＢＣは、全国大会優勝の経験もある強豪チーム。三橋空羽さんと前田花菜さんは、チームで練習を積み重ねながら、練習内容の記録や課題の明確化にスポーツノートを役立てています。長年、指導に携わる小鷹監督は「試合や練習後に冷静になって向き合える大事なツール」という方針でスポーツノートにチーム全員で取り組んでいます。その活用方法や具体的な内容を見てみましょう。

日本代表の吉田亜沙美選手や藤岡麻菜美選手も輩出した同チーム。指導者の考えを押しつけるのではなく、スポーツノートが自ら考えるきっかけをつくるという。

うまくいったプレー、うまくいかなかったプレーをノートに書き込む。目標が明確になり、練習にもしっかり取り組めるという。

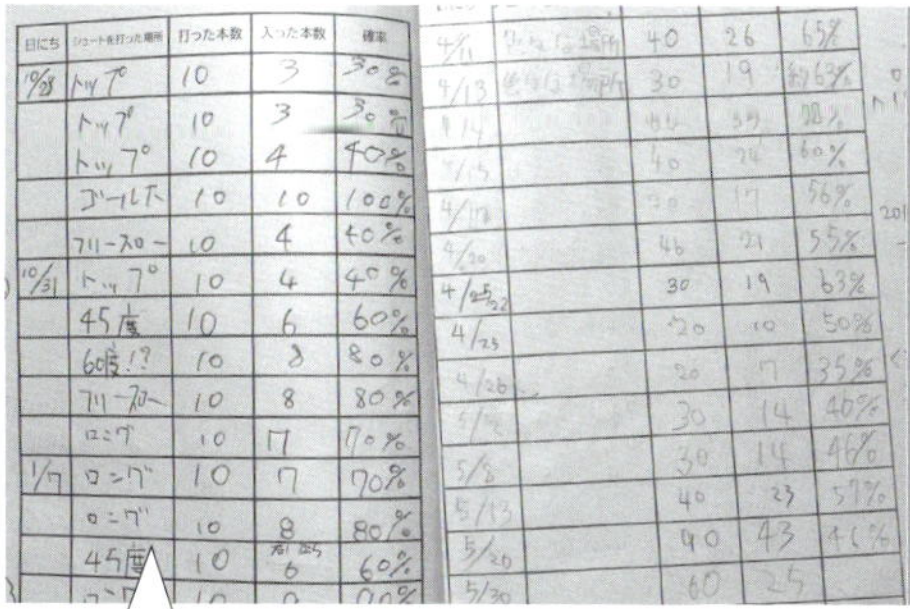

シュート練習の結果を記入し、シュートポジションによっての成功率を出す。自分の得意な角度がわかったり、苦手な位置がわかるので自分のプレーを理解することができる。

監修者

佐藤 雅幸

専修大学教授（スポーツ心理学） 同スポーツ研究所顧問

日本体育大学大学院体育学研究科修士課程修了
専修大学女子テニス部を創部し監督として1992年全日本大学王座優勝。
修造チャレンジコーチングスタッフ（メンタルサポート責任者）、HALEOスポーツサイエンスリサーチとして活動。1994年には長期在外研究員としてカロリンスカ研究所・ストックホルム体育大学に留学。

取材・写真協力

サントリーサンバーズ
再春館製薬所バドミントン部
読売巨人軍
アフロ、AP/アフロ、ZUMA Press/アフロ
日刊スポーツ/アフロ、報知新聞/アフロ
PIXTA

スタッフ

D T P　都澤昇
撮　影　上重泰秀
執筆協力　吉田亜衣／小野哲史
イラスト　丸口洋平
校　正　海川俊世
編　集　株式会社ギグ
モデル　坂松作和／清川康志郎／T&Y

引用・参考文献

『TA TODAY 最新・交流分析入門』イアン スチュアート、ヴァン ジョインズ・教育出版・1991 ／『自分がわかる心理テスト知らない自分が見えてくる』芦原睦・桂戴作・ブルーバックス・1992 ／『自分がわかる心理テスト part2 エゴグラム243パターン全解説』芦原睦・ブルーバックス・1995 ／『TA人生脚本を書き直す方法』佐藤雅幸・ベストセラーシリーズ　ワニの本・1997 ／『女性のスポーツ医学』目崎登・文光堂・1997 ／『スランプをぶっとばせ』アラン・ゴールドバーグ著　佐藤雅幸訳　ベースボールマガジン社　2000 ／『人はなぜ負けパターンにはまるのか』佐藤雅幸・ダイヤモンド社・2000 ／『知的アスリートのためのスポーツコンディショニング』山本利春・山海堂・2004 ／『子供の運動能力を引き出す方法』佐藤雅弘・講談社・2004 ／『スポーツメンタルトレーニング教本』日本スポーツ心理学会編・大修館書店・2005 ／『"遊んで"伸ばす！子どもの運動能力ー楽しみながらできる「親子遊び」ドリル80』佐藤雅弘・山海堂・2007 ／『起きあがりことば』佐藤雅幸・朝日出版社・2009 ／『スポーツ・コーチング学　指導理念からフィジカルトレーニングまで』レイナー・マートン著・大森俊夫・山田茂監訳・西村書店・2013 ／『マイヤーズ心理学』村上郁也訳・西村書店・2015 ／『「FAL-project いま知りたいカラダのこと」H27年度スポーツ庁委託事業　女性アスリートの育成・支援プロジェクト「女性スポーツにおけるトランスレーショナルリサーチの実践プログラム」』（専修大学スポーツ研究所）／「役割交換書簡法」春口徳雄・創元社 1987

終わりに

趣味で行うスポーツは別として、競技者・アスリートの現役生活は、いつか終わりを告げます。これはどんな偉大な選手であっても例外ではありません。では、競技が終わったところで、取り組んできた「スポーツノート」にも閉じるときがやってくるのでしょうか。

実は「スポーツノート」には続きがあります。アスリートとして書き込むことがなくなったとしても、ふっとしたときノートを開いて見てください。そこには、あなたにとって貴重な"財産"が書き込まれているのです。

スポーツに真剣に向き合った姿、喜びだけでない、くやしさやつまずきのストーリーの1つひとつが大事な成長記録です。高い意識でノートにも取り組んだアスリートなら、学業やビジネスにおいても高いレベルでチャレンジすることができるでしょう。もし何か立ち止まるときがあったとしても、書き溜めたスポーツノートを読み返してください。いまに生きるアドバイスやヒントが記されているでしょう。

ジュニア選手のための
夢をかなえる「スポーツノート」活用術 増補改訂版

2025 年 1 月 30 日　第 1 版・第 1 刷発行

監　修　　佐藤　雅幸（さとう　まさゆき）
発行者　　株式会社メイツユニバーサルコンテンツ
　　　　　代表者　大羽　孝志
　　　　　〒 102-0093 東京都千代田区平河町一丁目 1-8
印　刷　　株式会社厚徳社

◎『メイツ出版』は当社の商標です。

●本書の一部、あるいは全部を無断でコピーすることは、法律で認められた場合を除き、
　著作権の侵害となりますので禁止します。
●定価はカバーに表示してあります。
© ギグ ,2021,2025.ISBN978-4-7804-2979-4 C2075 Printed in Japan.

ご意見・ご感想はホームページから承っております。
ウェブサイト　https://www.mates-publishing.co.jp/

企画担当：堀明研斗

※本書は 2021 年発行の『ジュニア選手のための夢をかなえる「スポーツノート」活用術　トップアスリート
が実践するパフォーマンス向上のポイント』を基に、新しいコンテンツを追加し、ページの増量と必要な情報
の確認、書名の変更を行い、「増補改訂版」として新たに発行したものです。